CUISINE ET PATISSERIE
AUSTRO-HONGROISES
BALKANIQUES-ORIENTALES

CUISINE & PATISSERIE

AUSTRO-HONGROISES

Recettes Balkaniques, Orientales

AVEC UN APERÇU DE LA

BOULANGERIE FRANÇAISE & VIENNOISE

PAR

Antoine SCHEIBENBOGEN, de Vienne (Autriche)

Ancien Premier Aide en 1877,
de Son Altesse Impériale Mme l'Archiduchesse Elisabeth d'Autriche,
Mère de Sa Majesté la Reine Christine d'Espagne.
LAURÉAT DES CUISINIERS FRANÇAIS ET HORS CONCOURS.

La première édition m'a valu l'appréciation des grands maîtres de la cuisine française : MM. Émile BERNARD, Urbain DUBOIS, PAILLARD, *restaurateur ;* CAPDEVILLE, *ex-chef de cuisine de la Cour d'Espagne ; mon ami* BIZIOU, *chef de cuisine de Sa Majesté l'Impératrice Eugénie, etc., etc.*

Antoine SCHEIBENBOGEN.

DÉPOT ET VENTE :

PRÉFACE A MES CONFRÈRES

Avant de présenter ce petit livre de cuisine nationale à mes confrères, je voudrais leur faire connaître succinctement les nombreuses ressources qu'offre l'Autriche-Hongrie, au point de vue culinaire ; chez nous, comme en France, chaque contrée a ses spécialités, très appréciées des amateurs de bonne cuisine :

Vienne, la capitale, a ses petits pains et ses pâtisseries diverses, pour lesquelles sont employées les excellentes farines de Hongrie, ses poussins frits, ses escalopes de veau pannées à la Viennoise.

Ce modeste ouvrage servira surtout aux cuisiniers qui voyagent, car en Autriche, une cuisinière est adjointe à la cuisine, dans toutes les familles aisées, pour la préparation spéciale des entre-

mets, des pâtisseries et des mets nationaux. Ces cuisinières sont en général très habiles.

Dans les cafés, le café au lait est servi d'une façon très appétissante, avec les croissants et le Sugelhupf, pour le 4 heures. Les glaces sont aussi très demandées et appréciées ; les petites saucisses avec le raifort ont également beaucoup de succès.

Linz a ses tartes, bien dénaturées de la vraie recette originale, mais néanmoins excellentes.

Le Tyrol offre beaucoup de ressources en gibiers, truites et écrevisses. Son plat national « les boules à la Tyrolienne » (comme le Suet Dumpling anglais) est un plat de résistance par excellence, très apprécié par les chasseurs de chamois, après une longue course dans la montagne ; au lieu d'utiliser comme en Angleterre le bœuf salé, en Autriche, nous employons de préférence le jambon fumé.

Krems a sa moutarde et ses concombres au sel.

Klosternenbourg offre aux amateurs des vins blancs excellents, analogues au Chablis.

Vossau, le cru favori de l'Empereur, récolte des vins égaux aux meilleurs vins du Rhin.

Presbourg a ses croissants aux noix et pavots.

Prague, en Bohême, nous donne ses cochons de lait, ses jambons si fins, connus dans le monde entier.

La contrée est également très riche en venaison ; on y trouve en particulier des faisans excellents, des coqs de bruyère en grande quantité, et toutes sortes d'autres gibiers.

Le roi Édouard VII se plaisait à déguster les denrées du pays, et c'était un des meilleurs gourmets de Marienbad, pendant ses séjours dans cette ville si agréable.

Le Danube, qui traverse toute l'Autriche-Hongrie, fournit aux amateurs de poissons de belles carpes, schills, fogoschs, sterlets, esturgeons, de la friture excellente et aussi de belles truites saumonées.

La Croatie, ses dindes, et ses excellents vins rouges.

La Styrie, ses chapons et ses poulets de grain.

La Dalmatie, contrée très fertile, est riche en primeurs de toutes sortes ; elle récolte également des vins de dessert comparables aux meilleurs vins d'Espagne.

Tokay (Hongrie) est un cru renommé, qui ne cède en rien au muscat le plus velouté.

On trouve en Autriche-Hongrie beaucoup d'amateurs pour les bons champagnes français ; le bordeaux y est également très apprécié.

La Hongrie est très fertile en blés ; on y fait également d'excellents fromages (paprika pimonts), des foies-gras savoureux. Elle produit du cidre comparable aux meilleurs crus de Normandie. Les chênes centenaires de ses forêts fournissent un bois excellent pour la conservation des eaux-de-vie.

Le paprika est d'un usage courant dans les recettes culinaires de nos pays ; il donne aux mets une saveur relevée et très agréable.

J'ajoute à mon petit livre quelques recettes populaires de la cuisine balkanique orientale, et je vous dédie, mes chers Confrères, ce petit ouvrage, vous remerciant par avance du bon accueil que vous voudrez bien lui faire, espérant que vous y trouverez quelques bonnes recettes qui certainement plairont aux gourmets de tous les pays.

Antoine SCHEIBENBOGEN.

Monsieur Antoine SCHEIBENBOGEN

Paris

J'ai bien reçu, en son temps, le livre (Cuisine et Pâtisserie austro-hongroises) que vous m'avez adressé. Veuillez accepter mes remerciements pour cette attention qui me fait souvenir qu'étant à Vienne j'ai eu souvent l'occasion de faire connaissance avec quelques mets nationaux pour lesquels certaines cuisinières s'étaient distinguées par quelques raffinements très appréciables. Je dis cuisinières, car à Vienne comme en Angleterre, dans les grandes maisons et même à la Cour où le personnel de cuisine est pourtant au grand complet, ce sont les femmes qui ont la confiance pour la préparation de certains mets et entremets de farinages surtout qui réclament des soins très minutieux.

J'aurais pu me dispenser de vous écrire tout cela car naturellement vous devez être mieux renseigné que moi.

Je partage votre avis, ceux qui ont besoin de renseignements, n'ont qu'à consulter votre livre, toutes les recettes qu'il contient sont simples et clairement décrites, ce qui les rend très compréhensibles ; vous ne vous êtes pas écarté de la pratique la plus stricte et je vous en adresse mon sincère compliment.

Émile BERNARD

Cher Monsieur

Je vous remercie de l'interessant petit livre : Cuisine et Pâtisserie austro-hongroises que vous venez de publier et dont vous avez eu l'obligeance de m'offrir un exemplaire en hommage. L'ayant parcouru avec attention, j'ai pu me rendre compte que la multiplicité et la variété des prescriptions qu'il renferme, seront assurément appréciées par les praticiens nos confrères, qui désirent augmenter les ressources de leur répertoire.

En vous renouvelant, Monsieur, mes remerciements, je vous prie d'agréer mes cordiales félicitations.

Urbain DUBOIS

CUISINE AUSTRO-HONGROISE

PREMIÈRE PARTIE

DES POTAGES

Potage de Noques au beurre

Suppe mit Butternockeln

Travaillez 150 gr. de beurre en mousse, en lui incorporant peu à peu trois œufs entiers, trois cuillerées de crème douce, du sel et de la farine, formez une pâte assez ferme, battez-la avec une spatule ou cuillère de bois jusqu'à ce qu'elle se détache de la cuillère. Prenez une cuillère à soupe, moulez des quenelles avec cette cuillère, et les glissez aussitôt dans du bouillon en ébullition ; pochez-les cinq minutes, enlevez-les à l'écumoire. Mettez-les dans la soupière et versez le bouillon dessus. Servez chaud. Il faut quatre ou cinq quenelles par personne.

Potage de Noques à la semoule

Suppe mit Griesnockeln

Travaillez 150 gr. de beurre en mousse à la spatule, en lui incorporant l'un après l'autre deux œufs entiers, du sel, 125 gr. de grosse semoule crue et une demi-cuillerée de farine, laissez reposer l'appareil une heure, alors, vous moulez avec une cuillère à soupe des quenelles longues, pochez-les dix minutes à l'eau salée, retirez la casserole du feu, couvrez-la, laissez-les encore une demi-heure dans l'eau pour les faire gonfler.

Vous les enlevez avec une écumoire, vous les posez sur un tamis pour les égoutter, et les mettez dans une soupière, versez le bouillon dessus et servez bien chaud.

Potage de Boulettes à la moelle

Suppe mit Marchknödeln

Travaillez à la spatule 150 gr. de beurre en y incorporant 50 gr. de mie de pain trempée dans du lait et que vous avez pressée dans un linge, ajoutez-y deux œufs entiers, du persil haché, du sel, du poivre, muscade râpée et quelques poignées de chapelure blanche pour obtenir un appareil de consistance. *D'autre part:* Coupez de la belle moelle de bœuf en morceaux gros comme une noisette; enveloppez ces morceaux de moelle dans cet appareil qui doit être épais. Faites-en des boulettes de la grosseur d'un petit œuf, faites-les pocher dix minutes dans l'eau salée. Égouttez-les, mettez dans la soupière et versez le consommé dessus.

Potage aux Boulettes de foie

Suppe mit Leberknödeln

Travaillez à la spatule 150 gr. de beurre ou de bon saindoux avec 50 gr. de mie de pain trempée dans du lait et bien pressée dans un linge, trois cuillerées de foie de bœuf, passé au tamis, sel, poivre, muscade, persil et un peu d'oignon haché fin, deux œufs entiers, quelques poignées de chapelure pour former un appareil de consistance, roulez avec des boulettes de la grosseur d'un œuf, pochez-les dix minutes dans du bouillon en ébullition, égouttez-les et servez dans du bouillon chaud.

Potage de Boulettes à la Tyrolienne

Suppe mit Spékknödeln

Coupez six gros Empereurs ou 300 gr. de mie de pain en petits dés carrés, coupez également 100 gr. de lard salé et 100 gr. de lard fumé, faites-les fondre en rillons dans une poële, jetez-y le pain dedans, laissez-le revenir quelques minutes et versez le tout dans une terrine, incorporez-y deux œufs entiers battus avec un quart de litre de lait, sel, persil haché et poivre, mélangez bien le tout ensemble, ajoutez-y une poignée de farine, formez avec un appareil pas trop ferme, mouillez les mains et faites avec des boulettes de la grosseur d'une petite pomme, laissez-les tomber à mesure dans l'eau bouillante salée. Cuisez-les à petite ébullition un quart d'heure et les ayant égouttées, servez dans du bouillon. Habituellement, on les sert comme garniture avec les ragoûts et choucroutes.

Potage de Boulettes au riz

Suppe mit Reisknödeln

Faites cuire au bouillon gras 125 gr. de riz, qu'il soit bien tendre; laissez-le refroidir. D'autre part: vous travaillez 125 gr. de beurre bien mousseux en y mélangeant le riz et trois œufs l'un après l'autre; puis trois jaunes, une poignée de chapelure, autant de parmesan râpé, sel, muscade râpée, poivre et une cuillerée de farine; formez avec des boulettes grosses comme une noix, pochez-les cinq minutes au bon bouillon, égouttez-les, mettez dans la soupière, versez le bouillon dessus et servez.

Potage de Boulettes aux pommes de terre

Suppe mit Erdäpfelknödeln

Travaillez à la spatule 125 gr. de beurre avec trois œufs, l'un après l'autre, puis 250 gr. de pommes de terre cuites au four et passées au tamis, une poignée de chapelure, deux cuillerée de parmesan râpé, sel, poivre et muscade, formez avec des boulettes de la grosseur d'un œuf, cuisez-les cinq minutes au bouillon, mettez-les dans une soupière et versez du bouillon dessus.

A propos de ces potages

Ces genres de boulettes doivent être moelleuses, légères et un peu grasses, essayez toujours leur consistance, si elles sont trop fermes, incorporez-y du beurre et si elles sont trop légères, incorporez-y de la farine.

Potage de Riz au foie de Bœuf

Supep mit Leberreis

Faites un appareil comme pour les boulettes au foie, incorporez-y une cuillerée de farine pour l'obtenir plus ferme, mettez votre appareil dans une passoire à grands trous, tenez-la sur une casserole où vous aurez mis du bouillon en ébullition, passez-y le pilon avec pression, de manière que la préparation tombe dedans, et en tombant les boulettes se forment en grain de riz, cuisez-les cinq minutes, versez le bouillon dans la soupière et ajoutez-y une poignée de ciboulettes hachées. Servez chaud.

Potage pâte filante à la Viennoise

Suppe mit Einlauf

Cassez deux œufs dans une terrine, ajoutez du sel, délayez-les peu à peu avec de la farine et à la spatule pour obtenir une pâte lisse et pas trop claire ; introduisez la pâte dans un cornet de fort papier, coupez la pointe du cornet comme si vous vouliez décorer un peu gros, faites partir le bouillon en ébullition, faites-y couler votre pâte toujours en tournant ; lorsque la surface de votre bouillon est couverte de cette pâte, rassemblez-les avec l'écumoire et enlevez-les en les plaçant dans une soupière, versez du bon bouillon dessus.

Potage à la Zara

(*Inédit*)

Préparez une pâte comme ci-dessus, ajoutez-y deux cuillerées de tomates en purée, deux cuillerées de parseman râpé. Mettez cette pâte dans une passoire à grands trous, tenez-la sur une casserole où il y aura du bouillon très chaud et passez-la au pilon sur le bouillon, cinq minutes de cuisson suffisent, versez ce potage dans une soupière et servez chaud.

Potage aux petits pois frits

Suppe mit Gebakenen Erbesen

Mettez 200 gr. de farine dans une terrine, délayez-la peu à peu avec trois œufs, sel et bonne crème crue ; il faut que votre pâte soit assez liquide pour passer dans une passoire à grands trous. Chauffez une bonne friture ; lorsqu'elle est à point, prenez votre passoire, versez-y votre appareil et faites-le tomber dans la friture. Aussitôt il se forme des petites boules à qui vous laissez prendre une belle couleur, enlevez-les à l'écumoire sur un papier blanc, mettez-les dans la soupière et versez du bouillon dessus. Avoir soin de verser peu de pâte à la fois, que la friture ne déborde pas. Servez chaud.

Potage de Raviolis à la Viennoise

Suppe mit Schlickkrapfen

Cuisez un morceau de mou de veau, soit à

l'eau salée, soit au beurre. Laissez-le refroidir, hachez-le finement avec du persil et un oignon, ajoutez-y du sel, poivre et muscade ; faites revenir le tout dans du beurre et laissez refroidir. Faites avec ce mélange des raviolis que vous renfermez dans de la pâte à nouille, cuisez-les cinq minutes à l'eau bouillante salée, égouttez-les. Mettez-les dans une soupière et versez du bouillon très chaud dessus et une pincée de ciboulettes hachées.

Potage de Stroudel au mou de Veau

Suppe mit Lungelstroudel

Préparez un hachis comme pour les raviolis à la viennoise. Étalez une pâte à Stroudel (Voir plus loin, *Pâte à Stroudel*). Semez le hachis, qui doit être un peu clair, dessus, ayez soin de ne pas déchirer la pâte, roulez-la en dedans en forme de bourrelet, coupez des morceaux de cinq centimètres de long avec un manche de couteau fariné, de manière à bien les souder, faites-les pocher quinze minutes à l'eau bouillante salée, enlevez-les avec l'écumoire, placez-les dans une soupière, versez du bouillon dessus et une pincée de ciboulettes.

Potage aux pâtes râpées

Suppe mit Mehlgerste

Faites une pâte à nouilles aussi dure que possible; râpez-la sur une râpe farinée; tamisez-la ensuite au travers d'une passoire à grands trous pour faire le tout égal, laissez-la sécher sur le tour à pâtisserie et cuisez-la comme toutes les pâtes d'Italie. Servez dans du bon bouillon.

Potage aux biscuits de semoule

Suppe mit Griesscöhberl

Faites tremper 125 gr. de grosse semoule dans un demi-litre de bouillon froid pendant une heure. Mettez cet appareil dans une casserole bien beurrée, ajoutez-y avant, sel, poivre, muscade. Couvrez la casserole et mettez-la à four modéré, cuisez-la tendre en la remuant souvent avec une fourchette pour que le mélange soit égal et laissez refroidir. L'appareil doit être complètement semoulé. D'autre part : Travaillez 125 gr. de beurre en y incorporant la semoule et six jaunes d'œufs, dont vous battez les blancs fermes, mêlez-les peu à peu à l'appareil. Beurrez un plat à sauter, saupoudrez-le avec de la chapelure et versez l'appareil dedans, cuisez-le vingt-minutes à four modéré, démoulez-le sur le tour ou une planche, coupez-le en losanges, donnez une ébullition et servez dans du bouillon avec pincée de ciboulettes hachées.

Potage aux biscuits

Suppe mit Kaiserschöberl

Travaillez 150 gr. de beurre, faites-le bien mousser, incorporez-y deux cuillerées de crème épaisse, six jaunes d'œufs, 150 gr. de farine, sel, poivre, muscade, rendez l'appareil lisse, battez les six blancs en neige et les mêlez peu à peu à l'appareil. Beurrer un plat à sauter, farinez-le bien et versez l'appareil dedans, cuisez-le à four modéré, démoulez-le comme ci-dessus sur le tour, coupez-le en forme carrée ou ovale. Mettez dans la soupière et versez du bouillon pardessus avec une pincée de ciboulettes hachées.

Autre potage biscuits

Fouettez quatre blancs d'œufs bien ferme, mêlez-y du sel, de la muscade, mêlez-y doucement les quatre jaunes, quatre cuillerées de farine et en dernier lieu deux cuillerées de beurre fondu. Cuisez dans un plat à sauter comme ci-dessus, découpez et servir dans du bouillon.

Potage biscuit au pain

Suppe mit Semmelschöberl

Travaillez en mousse 150 gr. de beurre avec six jaunes d'œufs et 200 gr. de mie de pain trempée dans du lait et pressée dans un linge ; sel, poivre et muscade ; mêlez peu à peu quatre blancs d'œufs battus en neige. Cuisez dans un plat à sauter comme ci-dessus; découpez et servez au bouillon.

Potage au pain à la Viennoise

Brot-Suppe

Coupez des tranches de pain de seigle très minces, faites-les sécher au four, mettez-les dans le bouillon avec des saucisses de Francfort coupées en lames minces ; battez ensuite deux œufs à la fourchette sur une assiette, coulez-les dans le bouillon, donnez-lui une ébullition en remuant avec une fourchette ; servez ce potage avec une pincée de ciboulettes hachées.

Potage crème aigre

Rahm-Suppe

Faites un roux blanc, mouillez-le avec moitié bouillon et moitié lait, ajoutez-y du persil, un oignon, quelques grains de poivre, des clous de girofle, muscade, une pincée de kummel ; faites dépouiller le potage une heure, passez-le au tamis, liez-le avec un bol de crème aigre, donnez-lui une ébullition ; versez-le dans la soupière sur des croûtons de pain frits au beurre.

Potage purée de foie

Leber-Suppe

Faites revenir au beurre des racines, oignons et échalotes émincées, de grosses épices, thym, laurier, puis 250 gr. de foie de veau coupé ; lorsque le foie est bien atteint, ajoutez-y un bol de sauce espagnole ; laissez-le refroidir, pilez-le, passez-le au tamis, mettez cet appareil dans une casserole, délayez-le doucement avec du bouillon et un verre de vin blanc ; donnez-lui une ébullition et versez-le dans une soupière sur des croûtons frits.

Potage fricassée

Eingemachte-Suppe

Faites revenir dans un roux blanc un oignon émincé et du persil haché ; délayez avec du bouillon, ajoutez des abatis de poulet ou d'oie, faites-les cuire dedans jusqu'à ce qu'ils soient tendres, puis vous les ôtez, dégraissez et passez le potage ; liez-le avec deux ou trois jaunes d'œufs et de la crème douce.

Conpez les abatis en morceaux égaux, mettez-les dans le potage avec de petites boulettes au pain (voyez ce mot) ou des croûtons frits au beurre, servez le potage bien chaud avec une pincée de ciboulettes hachées.

Potage à la hongroise

Goulyas-Suppe

Coupez 500 gr. d'entrecôte en petits morceaux carrés, faites-les revenir dans du beurre avec des oignons hachés finement, ajoutez du sel, une pointe de paprika, du kummel et très peu d'ail écrasé. Lorsque la viande est bien atteinte, saupoudrez-la avec une cuillerée de farine, mouillez avec deux litres de bouillon, laissez-la cuire tout doucement, comme un pot-au-feu, et quand la viande est aux trois quarts cuite mêlez-y des pommes de terre coupées en morceaux ; finissez de cuire le tout ensemble ; dégraissez le potage et le versez dans une soupière sur des croûtons frits, viande et tout ensemble.

Potage de poisson à la viennoise

Fisch-Suppe

Faites un bon roux brun, cuisez-le quelques minutes avec un oignon haché et persil *idem*. Délayez-le avec du court-bouillon au vin, mêlez-y des racines, autrement dit carottes, bouquet garni et aromates ; faites dépouiller le tout doucement, pendant une heure ; dégraissez-le, passez-le au tamis, liez-le sur le feu avec de la crème aigre et le jus d'un citron. Faites-lui donner une ébullition et versez-le dans une soupière sur des laitances et des œufs de carpe, moitié de chaque, coupés en morceaux carrés que vous avez fait sauter au beurre auparavant ainsi que des croûtons frits. Servir bien chaud.

Potage aux beignets soufflés

Suppo mit Brandteigkrapfen

Préparez une pâte à choux comme pour les beignets soufflés et sans sucre assez ferme. Formez avec de petites boulettes grosseur d'une noisette, roulées dans la farine, faites-les frire dans une friture neuve, égouttez-les sur un papier ou serviette, mettez-les dans une soupière. Versez du bouillon dessus et une cuillerée de ciboulettes hachées.

Potage aux crêpes

Suppe mit Fridatten

Faites des crêpes sans sucre, coupez-les en

nouilles, mettez-les dans du bouillon, laissez-les bouillir deux minutes, servez avec une pincée de ciboulettes hachées. Servir autant que possible dans une soupière d'argent.

Potage panade à la viennoise

Panadel-Suppe

Décroûtez 100 gr. de mie de pain, coupez-les en tranches, mettez-les dans une casserole, versez deux litres de bouillon dessus, laissez-la bouillir, ajoutez-y une pointe de muscade, fouettez-la bien, liez-la aux jaunes d'œufs et crème, donnez une ébullition et servez assez épais avec une pincée de ciboulettes hachées.

Potage aux choux farcis

Mailänder-Suppe

Coupez des choux bien blancs et bien pommés en quatre ; blanchissez-les, égouttez-les, exprimez bien l'eau ; les étaler, les aplatir, saler et poivrer ; farcissez-les avec un hachis de veau mélangé avec du riz cuit et étoffé. Reformez-les, rangez-les dans un plat à sauter. Bardez-les, avec du bouillon non dégraisse. Couvrez le sautoir. Cuisez-les au four, laissez-leur prendre une belle couleur ; dressez-les sur un plat, arrosez-les avec le fond, saupoudrez-les avec du fromage râpé et servez-les tels que avec du bouillon très chaud.

Potage purée aux tomates
Paradais-Suppe

Préparez un roux blond, cuisez-le quelques minutes avec un mirepoix et des tomates coupées en morceaux, mouillez-les avec du bouillon, ajoutez un bouquet garni, cuisez-le une demi-heure, passez-le au tamis. Remettez-le sur le feu, donnez-lui une ébullition et versez-le dans une soupière sur des croûtons frits. Servez.

Potage de tomates clair

Coupez des tomates en morceaux, exprimez-en l'eau et mettez-les dans du bouillon avec quelques branches de persil et de céleri ; laissez bouillonner une demi-heure, passez au tamis ; remettez sur le feu et aussitôt qu'il bout ajoutez quelques cuillerées de riz cuit ou des nouilles ou des pâtes d'Italie.

Bortsch à la polonaise

Tous les cuisiniers connaissent cet original potage moitié russe et moitié polonais ; les deux nations le revendiquent comme leur soupe nationale, mais je crois qu'il appartient plutôt aux Polonais qu'aux Russes.

En voici la recette, telle que je l'ai vu confectionner en Pologne d'Autriche :

Coupez en grosse julienne les légumes suivants : cœurs de choux milan, betteraves, blancs de poireaux, céleri-rave et oignons, ajoutez sel, poivre, muscade râpée, une pincée de sucre ; faites revenir comme une julienne dans la graisse d'oie ; mouillez avec l'eau, selon la quantité de viande ; ajoutez un verre de jus de betterave avec une cuillerée de vinaigre, un bouquet fortement garni, un gros oignon avec six clous de girofle, 1 kilo de poitrine de bœuf, 1 canard, 500 grammes de poitrine de porc fumé ; laissez cuire comme un pot au feu. Quand la viande est cuite, retirez-la, coupez-la en morceaux carrés ; gardez au chaud, et ajoutez 250 grammes de chipolata rôtie et épluchée.

Liez le potage avec du jus de betterave, 1 verre de crème aigre, ajoutez de l'orge cuit à part dans du bouillon, et les morceaux de viande, et servez très chaud.

Préparation du jus de betterave

On pile les betteraves après les avoir bien lavées, avec des grains de kummel, quelques gouttes de vinaigre ; on les presse dans un torchon et on obtient un jus rouge, que l'on emploie quelques jours après, pour les soupes et les ragoûts ; ou emploie aussi un peu de crème aigre, très en faveur dans la cuisine slave.

La cuisine russe est composée d'un quart de plats polonais.

DEUXIÈME PARTIE

DES POISSONS D'EAU DOUCE

Les hors-d'œuvre froids sont peu appréciés, excepté le caviar et les huitres, le beurre d'anchois; les hors-d'œuvre chauds sont plus courants.

Le service dans les grandes maisons autrichiennes est fait à la française, à l'ancienne mode ; le découpage se fait à la cuisine.

Carpe frite

Gébackener-Karpfen

Fendez une carpe sur la longueur, coupez-la en morceaux de 4 centimètres de large, salez-les ; laissez-les macérer une demi-heure, trempez-les ensuite dans la farine et après dans des œufs battus et roulez-les dans de la chapelure blanche ; faites-les frire dans du saindoux ou graisse de rognon de bœuf;

égouttez-les, dressez-les sur une serviette. Entourez-les avec des tranches de citron et du persil et servez.

Carpe aux racines

Abgesottener Karpfen

Fendez une carpe, coupez-la en morceaux, rangez-les dans un plat à sauter, couvrez avec du vin blanc et quelques cuillerées de vinaigre, de grosses épices, sel et des légumes, tels que carottes, navets, céleri-rave, oignons et persil, le tout coupé finement en julienne. A la première ébullition, retirez-la du feu et mettez-la sur le côté ; couvrez et laissez-la frémir dix minutes, dressez les morceaux dans un plat creux et versez le court-bouillon dessus avec les légnmes ; saupoudrez avec du raifort râpé et servez bien chaud.

Carpe à la hongroise

Ungarischen-Karpfen

Fendez une carpe sur la longueur, coupez-la en morceaux, salez-la, laissez-la macérer un quart d'heure. Faites revenir du beurre avec du lard coupé en dés dans un plat à sauter avec quatre oignons moyens finement hachés ; quand les oignons ont pris une belle couleur, ajoutez-leur une cuillerée à café de paprika (épice hongroise), mettez vos morceaux de carpe dedans, laissez-les revenir, mélangez une cuillerée de farine, mouillez avec un verre de vin blanc et un verre de crème aigre, couvrez le plat à sauter et laissez mijoter 15 minutes ; retirez alors les morceaux, dressez-les dans un plat creux. Dégraissez la sauce, si elle est trop liquide, ajoutez-y deux ou trois cuillerées de sauce allemande ou faites-la réduire ; finissez-la avec un morceau de beurre ou de la crème et versez-la sur la carpe. Entourez-la avec des pommes de terre tournées cuites nature.

La sauce doit être assez relevée, vu le fade du poisson, et d'une nuance rosée et crémeuse.

Carpe à la polonaise

Polischen-Karpfen

Coupez une carpe en morceaux ordinaires, placez-la dans une casserole, couvrez-la avec un court-bouillon moitié vin rouge, moitié bouillon ; à la première ébullition, retirez la casserole sur le coin du fourneau en la laissant couverte. Préparez un roux brun, mouillez-le avec le court-bouillon pour obtenir une sauce assez épaisse, faites-la dépouiller, dégraissez-la et passez-la dans un bain-marie ; ajoutez-y des oignons glacés, une poignée de raisins de Corinthe, autant d'amandes blanchies, effilées et sèches, des zestes de citron coupés en julienne, une cuillerée à bouche de miel et une pointe de girofle en poudre, faites prendre un bouillon à la sauce, dressez la carpe dans un plat creux, masquez-la avec la sauce, saupoudrez avec du pain d'épices râpé, servez très chaud et envoyez de la sauce à part.

Carpe à la bière

Faites braiser une carpe avec des légumes, un verre de bière, un verre de sauce espagnole, une pincée d'écorce de citron haché ; dressez la carpe sur un plat, réduisez la sauce, ajoutez le jus d'un demi-citron et quelques grains de kummel, quand la sauce est bien épaisse, ajoutez quelques cuillerées de crème aigre, passez la sauce et nappez le poisson; garnissez-le autour avec des pommes de terre à l'anglaise et des petits oignons glacés, servez-le bien chaud avec le restant de la sauce à part.

Brochet à la choucroute

Hecht mit Sauertkraut

Supprimer la tête et la queue d'un beau brochet, le saler et poivrer en conséquence, le ranger dans un plat à gratin, le couvrir d'une barde de lard, l'arroser avec du beurre fondu et du vin blanc; le faire rôtir 30 minutes au four, le retirer, enlever les chairs avec précaution et laisser le moins possible d'arêtes.

D'autre part, vous avez cuit la choucroute avec du vin blanc, de la crème aigre et pointe de paprika. Vous beurrez une terrine à pâté de foie gras; vous mettez une couche de choucroute au fond, puis une couche de chair de brochet et continuez jusqu'à ce que ce soit plein; vous finissez avec de la choucroute; arrosez-la avec une sauce allemande;

vous saupoudrez de chapelure et de beurre fondu et faites gratiner sans couvrir à four vif. On peut faire le même plat avec de la morue ou autre poisson. Servir chaud à même la terrine.

Brochet à la crème

Hecht mit Rahmsauce

Coupez un brochet en tronçons, mettez ces morceaux dans une casserole avec sel, paprika, oignons et persil hachés, couvrez avec de la crème aigre et faites mijoter 15 minutes; dressez le poisson dans un plat creux, liez la sauce avec trois jaunes d'œufs et du beurre, versez-la sur le poisson et saupoudrez de ciboulette hachée. Servir très chaud.

Brochet aux anchois

Hecht mit Sardellen

Coupez un brochet en tronçons, faites-le cuire au court bouillon vinaigré, mettez dans une casserole 250 gr. de beurre, faites-le fondre à la noisette, ajoutez-y un quart d'anchois, lavés, nettoyés et finement hachés, puis une pincée de persil haché, cuisez-le quelques minutes. Dressez votre poisson dans un plat, entourez-le de petites pommes de terre.

Versez le beurre bien bouillant sur le poisson et servez vivement.

Petites Truites et Seiblins au bleu

Blau Abgesottène Forellen

Je cite cette simple recette en raison qu'elle fait partie avec prééminence de la cuisine austro-hongroise. On trouve ces deux poissons en abondance en Autriche, ils sont d'un goût exquis, et c'est un vrai régal pour les gourmets. Ces poissons donnent une grande valeur à la plus simple préparation et conservent leur goût fin et leur belle apparence. Tuez des petites truites, videz-les, les manier le moins possible pour ne pas défraîchir leur fine peau, rangez-les sur un plat, arrosez-les avec un verre de vinaigre chaud, laissez-les mariner 10 minutes, glissez-les avec le vinaigre dans un court-bouillon bouillant, donnez-leur une ébullition, retirez la casserole sur le coin du fourneau, tenez-la couverte 10 minutes, dressez vos truites sur serviette avec persil et pommes de terre, et les servez avec une sauce hollandaise, ou du beurre fondu à part.

Pour les servir froides, donnez-leur une ébullition, couvrez la casserole, laissez-les refroidir dans le court-bouillon. Vous les servez alors avec une mayonnaise ou sauce verte.

Les petites truites doivent, après leur cuisson, avoir une couleur bleue mate, être courbées ou cassées. C'est le signe qu'elles ont été tuées quelques minutes avant de les cuire.

Schille et Fogosch

C'est une espèce de poisson excellent; leur chair ressemble comme goût et couleur au bar ou mulet; on les trouve dans l'Autriche de toutes grandeurs où le Danube passe. On les prépare généralement au court-bouillon soit chaud ou froid avec toutes les sauces. On les sert toujours dans les grands dîners;

du reste on peut les accommoder comme on veut.

Ces excellents poissons figuraient au menu du déjeuner du roi Edouard VII et de M. Clemenceau à Marienbad.

TROISIÈME PARTIE

METS DE CUISINE

Gulyàs

Prenez du collet de bœuf, ou plate-côte, que vous coupez en morceaux carrés de la grosseur d'une noix. Hachez finement une grande quantité d'oignons, faites-les revenir dans du saindoux avec une cuillerée à café de paprika, jusqu'à ce qu'ils soient colorés, ajoutez la viande, assaisonnez-la avec sel, une pincée de kummel, marjolaine et une gousse d'ail écrasé, faites-la revenir sur un feu vif en remuant, mettez une cuillerée de farine, mouillez avec du bouillon un peu plus qu'à sa hauteur, laissez cuire trois heures tout doucement de façon que le liquide soit réduit à moitié. Vous le servez avec des noques ou des pommes de terre.

Karlsbader-Gulyàs

Se prépare de la même façon que la précédente recette en y ajoutant des petites pommes de terre et des saucisses viennoises coupées en rondelles. Au dernier moment on fait la liaison avec de la crème aigre.

Gulyàs de Veau

Kalbs-Gulyàs

Prenez de la poitrine ou du collet de veau, coupez-le en gros morceaux carrés ; faites-le revenir avec du saindoux, une bonne quantité d'oignons finement hachés et une cuillerée à café de paprika, ajoutez la viande, faites-la revenir sur un feu vif en remuant à la spatule, assaisonnez avec du sel, mettez une cuillerée de farine, mouillez à sa hauteur avec du bouillon, un verre de crème aigre et une cuillerée à bouche de vinaigre ; laissez mijoter jusqu'à ce qu'elle soit cuite à point. Servez avec des noques ou des nouilles autour, ou à part.

Gulyàs à la Tzigane

Zigeuner-Gulyàs

Prenez des têtes et des bouts de filets de bœuf, coupez-les en morceaux longs comme le doigt ; faites-les revenir au saindoux dans une casserole, assaisonnez de sel et de paprika, saupoudrez d'une cuillerée de farine, mêlez-y une bonne quantité d'oignons coupés en rondelles et des pommes de terre crues, coupées également en rondelles ; mouillez à sa hauteur avec du bouillon, un verre de vin blanc et un verre de crème aigre.

Couvrez la casserole, mettez-la au four, que tout cuise ensemble. Servir chaud.

Gulyàs à la Szégédine

Szégediner-Gulyàs

Prenez deux épaules de porc avec le collier, coupez-les, la couenne et le tout en morceaux, comme pour un ragoût de mouton. Faites chauffer du saindoux dans une casserole, ajoutez des oignons hachés, une cuillerée à café de paprika, une pincée de kummel, autant de marjolaine et un filet de vinaigre ; mettez la viande dedans et faites-la revenir sur un feu vif en remuant, salez-la, ajoutez une cuillerée de farine et de la choucroute cuite, moitié du volume de viande. Mouillez avec du bouillon et un verre de vin blanc, couvrez la casserole et faites cuire une heure au four. Ajoutez au dernier moment un verre de crème aigre et servez bien chaud sans que ce soit clair.

Pörckel

Découpez trois petits poulets comme pour les faire sauter et salez-les d'avance. Coupez également 150 gr. de lard frais en petits dés carrés ; faites-les fondre dans un sautoir avec un morceau de beurre ; ajoutez la même quantité d'oignons finement hachés et une cuillerée à café de paprika, laissez-les revenir sans leur faire prendre couleur et mettez vos poulets avec ; vous les faites revenir sur un feu vif. Lorsque les poulets sont bien saisis, saupoudrez d'une cuillerée de farine et mouillez complètement avec un demi-litre de crème aigre. Cuisez-les 30 minutes, dressez vos poulets sur un plat creux, finissez la sauce avec du beurre, versez-la sur les poulets et servez-les avec du riz au gras à part.

Entrecôte à la Hongroise

Coupez 125 gr. de lard frais en petits dés carrés, faites-le sauter avec un morceau de beurre; ajoutez-y un demi-litre d'oignons finement hachés, faites-les revenir sur un feu vif en remuant. Laissez prendre une couleur brune, ajoutez-y une cuillerée à café de paprika, un verre de vin blanc, un demi-litre de sauce espagnole, un quart litre crème aigre, donnez une ébullition et retirez la casserole sur le coin du feu

D'autre part, vous coupez dans un faux-filet une douzaine de tranches que vous aplatissez; assaisonnez-les de sel et de poivre; faites-les sauter au beurre et à feu vif, les retourner et les ranger dans une casserole longue. Couvrez-les complètement avec la sauce que vous avez préparée. Couvrez la casserole, faites-les braiser au four. Lorsqu'elles sont presque cuites, ajoutez des petites pommes de terre tournées, finissez de cuire le tout ensemble. Dégraissez la sauce ; dressez vos filets sur un plat long. Entourez-les avec les pommes de terre, versez la sauce dessus qui doit être succulente et un peu épaisse.

Entrecôte à la Esterhazy

Coupez dans un faux-filet une douzaine de tranches, aplatissez-les et les assaisonnez de sel et de poivre, faites sauter à feu vif et en les retournant ; rangez-les dans une casserole longue couvrez-les avec un demi-litre de julienne effilée un peu gros et composée de carottes, navets, d'oignons, céleri en pied et poireaux ; mouillez le tout complètement avec une sauce espagnole, un verre de vin blanc et un verre de crème aigre ; ajoutez une cuillerée à café de paprika. Couvrez la casserole et faites cuire au four. Lorsqu'elles sont cuites à point dressez-les sur un plat long, dégraissez la cuisson, versez-la sur les entrecôtes avec la julienne et semez dessus des zestes de citrons coupés en filets fins.

Entrecôte farcie

Hachez finement 125 gr. de bœuf maigre avec 250 gr. de chair à saucisse, ajoutez-y des champignons, persil et oignons finement hachés et sautés au beurre; assaisonnez la farce avec du poivre, sel et muscade.

Coupez dans un faux-filet une douzaine de tranches, aplatissez-les, salez et poivrez. Couvrez-les avec une couche de cette farce, enroulez-les en dedans, attachez-les avec une ficelle pour qu'ils ne se déroulent pas. Foncez un sautoir avec de la graisse et des racines émincées, rangez vos entrecôtes dedans, faites-les revenir en leur laissant prendre une bonne couleur, arrosez-les avec un verre de vin blanc. Couvrez le sautoir, faites réduire le liquide, mouillez à nouveau à hauteur avec moitié espagnole et moitié crème aigre. Finissez de les cuire au four. Lorsqu'elles sont tendres, les déficeler, les dresser dans un plat ; dégraisser la sauce, la faire réduire et la passer sur les entrecôtes. Servir avec une purée de pommes de terre à part.

Entrecôte à la viennoise

Coupez, dans une entrecôte, des tranches très minces, aplatissez-les et assaisonnez de sel et poivre, trempez-les dans la farine, faites-les sauter au saindoux. Les retourner, qu'elles soient saignantes. Dressez-les sur un plat long. Coupez quelques oignons en rondelles, faites-les frire dans la graisse; lorsqu'ils auront pris belle couleur, ôtez la graisse, ajoutez à la place un morceau de beurre et une cuillerée de vinaigre; versez le tout sur les entrecôtes et servez-les avec des pommes de terre à part.

Tournedos braisés

Coupez dans les têtes et dans les bouts de plusieurs filets de bœuf des petits tournedos, battez-les, piquez-les avec des gros lardons. Assaisonnez avec sel et poivre; faites-les sauter au saindoux en les retournant et rangez-les dans une casserole. Hachez finement des anchois bien lavés, avec persil et oignons, faites revenir le tout dans la graisse où vous avez fait sauter les tournedos et versez sur vos filets; mouillez-les à la hauteur avec moitié sauce espagnole et moitié crème aigre. Couvrez la casserole et faites cuire tout doucement au four. Puis, vous dégraissez la sauce, dressez les tournedos dans un plat, versez la sauce dessus en y semant une poignée de câpres; servez des noques à part.

Mouton à la Styrienne

Coupez en morceaux égaux une épaule et de la poitrine de mouton bien maigre, placez les morceaux dans une casserole avec du sel et poivre en grain, un bouquet garni, thym, laurier, et en même quantité que la viande, légumes et racines, coupés en julienne, tels que oignons, carottes, navets, céleri-rave et poireaux; mouillez le tout un peu plus qu'à sa hauteur avec du bouillon, un verre de vin blanc et un demi-verre de vinaigre; faites cuire la viande tout doucement sans trop faire réduire le bouillon. Lorsqu'elle est cuite au trois quarts, mêlez au ragoût des pommes de terre, finissez de cuire et servez le ragoût dans une soupière ou plat creux.

Queues de Bœuf

Ochsensehweif

Coupez dans les jointures des queues de bœuf, les tronçons, faites-les revenir à la casserole avec des racines et oignons émincés, thym, laurier, poivre en grain, couvrez le tout complètement avec une sauce espagnole et un demi-litre de vin blanc, ajoutez un bouquet garni. Couvrez la casserole, faites partir en ébullition sur le feu et mettez aussitôt dans le four, laissez mijoter trois heures, puis, vous transvasez dans une autre casserole, dégraissez et passez la sauce sur les tronçons en ajoutant un verre de crème aigre; donnez une ébullition, dressez-les sur un plat, versez la sauce dessus et servez séparément des quenelles à la tyrolienne. La sauce doit être succulente et épaisse.

Escalopes de Veau à l'Impériale

Panirte Kalbsschnitzeln

Coupez dans une noix de veau des tranches assez épaisses, aplatissez-les très minces, assaisonnez de sel, trempez-les dans la farine, puis, dans l'œuf battu et ensuite dans la mie de pain. Chauffez dans une grande poêle à omelette du saindoux ou du beurre clarifié, faites-les sauter en les retournant. Quand elles sont bien dorées, vous les dressez sur un plat avec des ronds de citron et servez.

Fricandeau de Veau à la Karlsbad

Karlsbader-fricandeau

Lardez une sous-noix de toute sa longueur comme un bœuf à la mode, avec de la langue écarlate, du lard et des cornichons ; faites-la rôtir à la casserole couverte et servez-la avec son jus auquel vous avez mêlé quelques cuillerées de sauce tomate.

Poitrine de Veau farcie

Gefullte Kalbsbrut

Faites couper par le boucher dans un tout jeune veau, la poitrine bien large avec la bavette, faites une poche dans toute sa longueur, introduisez dedans une farce au pain, fermez l'ouverture (voyez farce au pain), bardez-la, faites-la rôtir au four très doucement en l'arrosant souvent pour lui donner de l'onctueux. Glacez-la d'une belle couleur, coupez-la en tranches, dressez-la gentiment sur un plat, arrosez-la avec son jus et servez chaud.

Langue de bœuf fumée à la Bohémienne

Cuisez une langue fumée en procédant comme pour le jambon. Faites baigner dans l'eau froide pendant 12 heures des pois cassés, cuisez-les tendre avec du lard fumé et un bouquet garni, égouttez-les, faites revenir dans une casserole quelques cuillerées de saindoux avec une cuillerée d'oignons hachés, mettez-y les pois dedans, faites-les sauter, dressez-les dans un plat creux et arrosez avec de la chapelure frite au beurre, un peu grosse.

Coupez la langue, dressez-la en couronne, arrosez-la avec sa cuisson et servez avec les pois.

Saucisses Viennoises

Wiener-Würsteln

Plongez à l'eau très chaude des petites saucisses fumées, couvrez la casserole et laisse-les cinq minutes sans les faire bouillir, dressez sur un plat, semez dessus du raifort râpé, ou bien arrosez avec du jus de gulyàs (*Voyez ce mot*).

Tête de cochon

Krenn-fleisch

Désossez la tête d'un jeune porc, coupez-la en morceaux, placez-les dans une casserole, couvrez-les d'un court-bouillon au vin blanc, vinaigré, cuisez-la tendre; dressez les morceaux dans un plat creux, arrosez-les avec leur cuisson et semez dessus du raifort râpé.

Mou de veau à la Viennoise

Kalbsbeuchel oder Lunge

Placez dans une casserole un mou de veau avec le cœur, couvrez-le avec du bouillon, ajoutez du sel, de grosses épices, un bouquet garni, des légumes et une gousse d'ail. Laissez-le cuire à point; ensuite vous le retirez du bouillon et le laissez refroidir, puis coupez-le en julienne.

D'autre part, préparez la sauce suivante :

Hachez finement des oignons, du persil, quelques anchois, des câpres et le zeste d'un demi-citron; mettez le tout dans un roux brun cuit à point, laissez-le revenir, délayez-le avec la cuisson du mou et un verre de vin blanc; faites une sauce assez épaisse, donnez-lui une ébullition, mettez le mou dedans, ajoutez encore quelques cuillerées de jus de viande; couvrez la casserole, faites mijoter au four une heure. Servez avec des ronds de citron et des boulettes à la tyrolienne.

Ours.

Il n'y a pas d'ours dans les forêts d'Autriche-Hongrie, sauf à la frontière de Russie ; on les chasse plutôt pour les peaux, et à part quelques rares gourmets, on en mange plutôt par curiosité ; leur préparation est analogue à celle du sanglier (mariné au vin rouge avec beaucoup d'aromates, braisé ou rôti, avec une sauce venaison bien piquante, un peu de paprika).

Les pattes de derrière s'emploient généralement et ont beaucoup de ressemblance avec le pied humain ; on enlève leur peau et et on les prépare comme des pieds de porc, soit pannés, grillés ou frits, pannés à l'anglaise, avec une sauce tartare, ou sauce venaison ; en Autriche, on ajoute toujours de la crème aigre et une pincée de paprika ; on peut également les braiser et servir avec toutes sauces.

Il m'est arrivé un jour, étant à cette

époque cuisinier chez le gouverneur de Croatie et Dalmatie, une aventure assez curieuse ; nous avions reçu comme cadeau, deux pattes d'ours, que j'avais accommodées ; mais le gouverneur refusa d'y goûter, leur trouvant trop de ressemblance avec un pied humain ; les deux pattes furent donc jetées, mais le lendemain, la ville était en ébullition croyant à un crime, mais l'enquête démontra simplement que les prétendus débris humains étaient de vulgaires pattes d'ours.

Lièvre à l'Allemande

Hasen mit Rahmsauce

Dépouiller un lièvre, videz et nettoyez, coupez les pattes et la tête. Vous le faites macérer pendant huit jours dans une marinade cuite. Piquez-le avec du lard, foncez une braisière avec les légumes de la marinade, des morceaux de lard et des couennes ; placez le lièvre dedans, arrosez-le avec du bouillon gras, poussez-le au four vif sans le couvrir. Laissez-le bien revenir en le tournant et l'arroser souvent; mouillez-le avec un demi-litre de sauce espagnole, un quart de litre de crème aigre et quelques cuillerées de marinade, couvrez la braisière et faites-le cuire à point; retirez-le, placez-le dans une autre braisière. Couvrez-le avec du papier beurré et tenez-le au chaud. Passez la sauce, dégraissez-la et faites réduire; liez-la avec quelques cuillerées de crème aigre. Alors, vous découpez le lièvre comme pour un civet, mais en plus gros morceaux; placez-les ensemble sur un plat long, masquez-le avec la sauce, entourez-le de croûtons en feuillage et servez une sauce à part. On peut le servir avec de grosses boulettes.

Poulets farcis

Gefüllte-Huhner

Apprêtez de petits poulets de grains comme pour rôtir, remplissez-leur l'estomac avec de la farce au pain. (*Voyez ce mot.*) Bridez et bardez et faites-les rôtir à la broche ou au four. Servir avec du jus de glace.

Poulets frits

Gebaeckène-Huhner

Choisissez de tout petits poulets nouveaux, coupez-les en quatre en laissant le cou et la tête après une aile, salez-les, roulez-les dans la farine, trempez-les dans l'œuf battu et roulez-les dans la mie de pain ; plongez-les dans la friture. Cuisez-les à feu modéré en les retournant quand ils ont une belle couleur dorée ; égouttez-les, dressez-les sur une serviette avec un bouquet de persil et entourez avec des ronds de citron.

Farce au pain

Fulle

Travaillez 150 gr. de beurre en crème ou du saindoux ; incorporez-y trois œufs entiers, 200 gr. de mie de pain trempée au lait et exprimée à sec, ajoutez-y une cuillerée de persil haché, sel, poivre et muscade. On se sert beaucoup de cette farce pour farcir en Autriche et en Hongrie.

SALADES

Salade de choucroute

Coupez en julienne très fine une tête de choucroute ; salez-la, laissez-la une heure dans le sel, passez-la ensuite à l'eau, exprimez-la et assaisonnez de poivre, d'huile, de vinaigre et une pincée de kummel.

Salade chaude de choucroute

Préparez une salade comme la recette précédente. D'autre part, coupez en petits dés du lard frais, faites-le fondre dans une grande poêle à omelette comme pour rillons. Versez la salade dedans, remuez-la avec une fourchette, dressez-la sur un plat et servez-la chaude.

Salade de laitue au lard

Assaisonnez une salade de laitue, coupez en petits dés du lard frais, faites-le fondre au point des rillons, c'est à dire bien rissolé, ôtez la graisse et versez vos rillons sur la salade ; jetez dessus de la ciboulette hachée.

Salade de concombre à la crème

Assaisonnez une salade de concombre sans huile, incorporez-y un verre de crème et du paprika. Saupoudrez dessus de la ciboulette hachée.

Salade de harengs

Dressez sur un plat des filets de harengs, coupez-les en losanges, arrosez-les avec de l'huile et un peu de vinaigre, décorez-les avec des rondelles d'oignons, des œufs durs coupés et des câpres ; entourez-les avec de la salade de pommes de terre.

Liptauer garni

Le Liptauer est une sorte de fromage blanc très piquant ; il est fabriqué avec du lait de chèvre. C'est un hors-d'œuvre, par excellence, pour les amateurs de bière.

Prenez 100 gr. de ce fromage, coupez-le en forme carrée, prenez autant de beurre frais et dressez sur une assiette. D'autre part, hachez séparément la valeur d'une cuillerée à café d'oignon, *idem* cornichons, *idem* ciboulettes — anchois et persil. Garnissez le tour de votre fromage en formant une couronne de ces ingrédients, tous posés à part, ainsi que des câpres, du kummel, du caviar, de la moutarde et une demi-cuillerée de paprika. Servez tels que ; ces objets bien entrelacés sont d'un bel effet. Chaque amphytrion se sert à son goût et fait son mélange sur son assiette.

QUATRIÈME PARTIE

DES SAUCES

Sauce à l'oignon

Zwiebel-Sauce

Faites fondre dans une casserole 100 gr. de beurre, ajoutez-y une cuillerée de sucre en poudre et un oignon finement haché ; faites-leur prendre une belle couleur brun foncé, mêlez-y deux cuillerées de farine, remuez encore quelques minutes et mouillez avec du bouillon ; faites-la dépouiller sur le coin du fourneau une demi-heure, passez à la passoire, finissez avec une cuillerée de vinaigre et servez avec le bœuf du pot-au-feu. Cette sauce doit être aigre-douce.

Sauce d'anchois

Sardellen-sauce

Hachez finement un oignon et du persil, une demi-douzaine d'anchois et un peu de zeste de citron; mettez ce hachis dans un roux brun foncé, cuisez encore quelques minutes et mouillez avec du bouillon; faites dépouiller une demi-heure et servez avec du poisson ou du bœuf bouilli.

Sauce aux câpres

Capern-sauce

Faites revenir à la casserole un oignon et du persil finement hachés, mouillez avec une cuillerée de vinaigre et faites réduire. Ajoutez deux verres de sauce espagnole, cuisez-la à point et passez-la. Vous y mêlez quelques cuillerées de câpres; servez chaud, soit avec bœuf, veau ou gibier.

Sauce tomate

Parradeis-sauce

Faites revenir au beurre une demi-douzaine de tomates coupées en morceaux avec un oignon haché et du persil ; mêlez une cuillerée de farine. Cuisez quelques minutes en remuant à la spatule, délayez au bouillon, faites dépouiller une demi-heure ; la passer au tamis et finir avec une cuillerée de sucre en poudre.

Sauce d'anchois froide

Sardellen-sauce (kalt)

Pilez six jaunes d'œufs cuits dur avec 60 gr. de filets d'anchois bien lavés ; passez le tout au tamis et mettez-le dans une terrine ; travaillez cet appareil avec deux cuillerées de vinaigre et quatre cuillerées d'huile, fouettez cette sauce et ajoutez-y une pincée de ciboulettes hachées.

Sauce ciboulette froide

Schnittlauch-sauce

Hachez finement quatre jaunes d'œufs durs

avec les blancs, mettez-les dans une terrine, mélangez-y deux cuillerées d'huile, deux de vinaigre, autant d'eau froide, une cuillerée à café de sucre en poudre et deux cuillerées de ciboulettes finement hachées.

Sauce raifort froide

Kren-sauce (kalt)

Râpez une demi-racine de raifort, plongez-le quelques minutes dans l'eau bouillante pour le rendre doux, mettez-le dans une terrine et délayez-le avec une cuillerée d'huile, deux cuillerées de vin blanc, une de vinaigre, une cuillerée à café de sucre en poudre, pincée de sel. Qu'elle ait un peu de corps. Servez avec du bœuf ou du rosbif.

Sauce raifort chaude

Semmelkren

Faites une panade passée avec du bouillon, environ trois décilitres ; ajoutez-y une poignée de raifort râpé et du beurre ; donnez-lui une ébullition et servez avec du bœuf ou du rosbif.

Sauce raifort aux amandes

Mandelkren

Faites environ trois décilitres de bouillie avec de la crème; ajoutez-y une poignée d'amandes émondées et hachées finement, une poignée de raifort râpé, du sel, du poivre et muscade, un morceau de beurre. Faire prendre un bouillon et servez avec bœuf ou rosbif.

Sauce à l'oseille

Sauerampfer-sauce

Faites une purée d'oseille, allongez-la avec de la sauce allemande et de la crème double ; donnez-lui une ébullition et servez-la chaude.

Sauce aux concombres

Gurken sauce

Préparez trois décilitres ds sauce allemande, incorporez-y une poignée de concombres préparés comme pour une salade. Laissez-les cuire dix minutes, ajoutez à la sauce une pincée de ciboulettes hachées; finissez-la avec de la crème aigre, un verre.

Sauce aux fines herbes

Dillenkraut-sauce

Préparez un décilitre de sauce allemande, incorporez-y une poignée de fines herbes hachées, composée de persil, ciboulette, cerfeuil, estragon, pimprenelle; donnez une ébullition et finissez-la avec un verre de crème aigre.

CINQUIÈME PARTIE

ENTREMETS DE PATISSERIE

Beignets de carnaval
Krapfen

Tamisez 625 gr. de farine dans une terrine chauffée, couvrez-la et placez-la dans un endroit tempéré ; mettez dans une autre terrine un quart de crème épaisse, ajoutez-y dix jaunes d'œufs, 50 gr. de sucre en poudre, 10 gr. de sel et 70 gr. de beurre fondu, mêlez le tout comme il faut. D'autre part, délayez dans un bol bien chaud 30 gr. de levure avec 4 cuillerées à bouche de lait tiède et une pincée de sucre ; couvrez le bol et laissez pousser dans un endroit chaud.

Lorsqu'elle est bien montée, mélangez-la avec de la crème et des jaunes d'œufs ; vous y incorporez la farine et travaillez le tout avec une spatule jusqu'à ce qu'elle soit bien lisse et se détache de la spatule. Versez la pâte sur le tour fortement poudré de farine, étalez-la au rouleau jusqu'à un centimètre d'épaisseur, laissez-la reposer cinq minutes, marquez toute sa surface, comme pour les

Fig. 1. — Beignets de carnaval *ou* Krapfen

petits pâtés, avec un emporte-pièce uni de six centimètre de diamètre; garnissez au milieu avec une petite dose de confitures aux abricots, gros comme une noisette ; mouillez autour avec de la dorure au lieu d'eau, puis coupez sur l'autre moitié de la pâte des abaisses pareilles etcouvrez celles-ci avec ;

vous appuyez avec les doigts et les coupez avec le coupe-pâte au-dessous; rangez-les à mesure à distance l'un de l'autre sur un linge fariné étalé sur une planche ou plaque; recouvrez-les avec un autre linge un peu poudré de farine; laissez-les lever au chaud pendant deux heures. Avec le reste de la pâte, vous recommencez la même chose, mais vous les mettrez à part, vu que la pâte a déjà perdu sa force et qu'ils ne seront pas si beaux.

Préparez une friture vierge, soit au beurre clarifié, soit à la graisse de rognon de bœuf, c'est la graisse qui va le mieux. Quand la friture est à son paroxysme, mettez-y seulement six ou huit beignets, de façon que celle-ci ne les couvre pas entièrement, pour que le dessus reste sec; couvrez la poêle ou casserole quelques instants. Quand ils ont une belle couleur en dessous, tournez-les avec une aiguille à brider sur l'autre côté, mais sans couvrir la casserole; lorsqu'il se produit autour des beignets un cercle blanc d'un demi-centimètre de large, ce qui leur donne une belle apparence (s'ils n'ont pas ce ruban autour ils sont manqués comme

5

caractère), égouttez-les sur un linge ou papier, poudrez-les avec du sucre vanillé, dressez-les en pyramide sur serviette et servez chaud avec une sauce abricot à part. On les sert aussi froids avec le café ou le thé.

Bohmische-Dalken

Tamisez dans une terrine chaude un litre de farine, ajoutez au milieu 30 gr. de levure, 10 gr. de sel, autant de sucre en poudre, 50 gr. de beurre fondu et détrempez le tout avec un litre de lait tiède et 6 jaunes d'œufs. Lorsque la pâte est bien lisse et corsée, vous la couvrez et laissez lever dans un endroit tempéré.

Vous chauffez alors les moules sur la plaque du fourneau; beurrez-les bien et mettez une cuillerée de pâte dans chaque. Lorsque la cuisson est faite et de belle couleur, retournez-les avec une aiguille à brider pour les cuire de l'autre côté; alors vous les collez deux à deux à l'abricot; poudrez-les au sucre vanillé et servez chaud sur serviette. Ces moules ont la forme d'une plaque en cuivre ou en terre avec des trous ronds; ils ressemblent aux cocottes où l'on cuit les œufs et ont la forme d'une plaque à escargots.

Kolatschen !

C'est tout simplement une pâte à brioche ordinaire à laquelle on ajoute une pincée d'écorce de citron finement haché. On étale la pâte d'une épaisseur d'un doigt que l'on laisse 5 minutes reposer ; coupez-la avec un coupe-pâte uni de la grosseur d'une tasse à thé ; passez les morceaux sur une plaque beurrée, appuyez avec un citron au milieu pour former un creux assez large ; remplissez le creux avec une marmelade de pruneaux sucrée ; dorez les bords avec l'œuf, les bords doivent avoir une largeur de 2 centimètres, laissez-les monter; faites-les cuire au four doux et servez chaud ou froid. La marmelade de pruneaux doit être très serrée, on peut la faire aussi avec une marmelade de pommes.

Dampfnudeln

Tamisez dans une terrine chauffée : 500 gr. de farine, 10 gr. de sel fin, mettez au milieu quatre cuillerées de levure et délayez au lait tiède, ajouter un œuf et quatre jaunes, 100 gr. de beurre fondu, 50 gr. de sucre en poudre, travaillez la pâte au lait tiède jusqu'à ce qu'elle soit lisse, couvrez et laissez lever dans un endroit tempéré.

Lorsqu'elle est levée, vous la versez sur le tour fariné, formez-en des boules de la grosseur d'une noix, placez-les sur un linge fariné, couvrez-les d'un autre linge et laissez lever de nouveau.

Pendant ce temps, mettez dans une casserole large un demi-litre de crème douce avec un gros morceau de beurre, de la vanille et du sucre en poudre; donnez-leur une ébullition, retirez la casserole du feu, ôtez la gousse de vanille, rangez vos boules dedans, couvrez la casserole et posez-la quinze minutes sur feu modéré sans les découvrir, laissez-leur prendre en dessous une croûte; détachez-les avec une petite écumoire, rangez-les sur un plat rond et vous les masquez avec une crème à l'anglaise. Servez-les bien chaudes.

Wuchteln

Travaillez à la spatule 150 gr. de beurre avec deux œufs et quatre jaunes, une pincée de sel, une cuillerée de sucre en poudre, le zeste d'un demi-citron finement haché, 20 gr. de levure délayée avec du lait tiède ; incorporez-y environ une livre et demie de farine, rendez cette pâte bien lisse et laissez-la monter. Une fois bien levée, vous la versez sur le tour bien fariné, vous la roulez d'un centimètre d'épaisseur, coupez-la en morceaux carrés sur quatre centimètres de long et autant de large. Mettez sur chaque morceau, au milieu, de la confiture de prunes, roulez les morceaux en dedans et rangez-les sur une plaque beurrée en les collant l'un contre l'autre avec du beurre fondu pour qu'ils se détachent facilement une fois cuits, faites lever et cuisez à four modéré. Renversez la plaque sur le tour et détachez-les les uns des autres, poudrez et servez à part de la confiture de prunes.

Böhmische-Goulatschen

Formez des boules en pâte à brioche de la grosseur d'une petite pomme, posez-les sur une plaque beurrée, aplatissez-les et faites un creux au milieu, forme d'une tartelette. Mettez dedans une purée de prunes réduite et parfumée au zeste de citron; faites lever, dorez et cuisez à four modéré. Se servent froides.

Tartes aux prunes

Beurrez un cercle à flan; foncez-le avec une pâte à brioche bonne épaisseur, garnissez-la avec des prunes coupées en deux, laissez-la lever une heure, dorez les bords, saupoudrez-la de sucre en poudre, cuisez-la le temps qu'il faut, four pas trop chaud et servez-la froide. L'on fait les tartes à tous les fruits pareillement en Autriche.

Stroudel à la Tyrolienne

Faites une pâte à Nuchteln, abaissez-la au rouleau bien mince, couvrez-la d'une couche d'appareil suivant : mélangez 60 gr.

d'amandes émondées et pilées avec le zeste d'un demi-citron haché fin et 60 gr. de sucre en poudre, puis une poignée de raisins de Corinthe, de Smyrne et de cédrat confit coupé en julienne. Une fois ce mélange étalé, vous roulez la pâte en dedans en forme de saucisson, posez ce rouleau sur une plaque beurrée et laissez lever, puis dorez-le et cuisez à four modéré. Laissez refroidir et coupez-le en tranches.

Stroudel aux grains de pavot

Mohn-Stroudel

Cet entremets se prépare de même que la recette précédente ; l'on remplace l'appareil d'amandes par l'appareil suivant aux pavots.

Pilez un demi-litre de grains de pavots au mortier, mélangez-y un quart de miel, une cuillerée de cannelle en poudre, une cuillerée de zeste de citron haché finement. Procédez comme pour l'autre.

Boules à la Neige

Schnee-Brallen

Faites une pâte à foncer, 250 gr. de

farine, 125 gr. de beurre, trois jaunes d'œufs, une cuillerée de sucre en poudre, pincée de sel et de la crème épaisse, que la pâte soit ferme, laissez-la reposer. Puis, vous les moulez gros comme une noix; abaissez-les au rouleau assez minces, forme de galette ronde, faites-leur au milieu, à la roulette, deux ou trois incisions, comme pour les Lintzer, rassemblez chaque galette en boule, plongez-les dans la friture en agitant constamment; lorsqu'elles ont pris belle couleur, égouttez-les et dressez-les sur serviette. Poudrez sucre vanillé. Servir avec un Zambaglione au vin blanc.

Taies d'oreillers

Faites une pâte brisée comme pour les boules de neige. Abaissez-la au rouleau assez mince, coupez cette pâte en morceaux carrés à l'éperon, mouillez les bords à la dorure, mettez au milieu de la marmelade d'abricot serrée.

Ramenez les deux bouts du carré en forme d'un livre fermé, faites-les frire à belle couleur, égouttez-les, saupoudrez au sucre et servez chaud.

Stroudel aux pommes

Apfel-Strudel

Tamisez sur le tour à pâtisserie, une demi-livre de farine en fontaine, mettez une

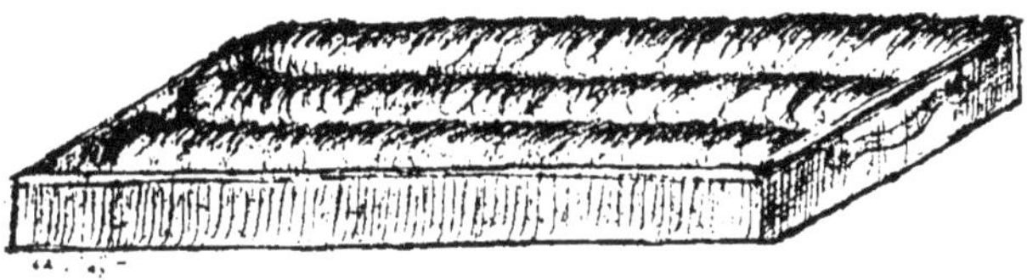

Fig. 2. — Stroudel aux pommes *ou* Apfel Strudel

pincée de sel, 10 gr. de beurre, un œuf entier et de l'eau tiède, fouettez cette pâte à la fourchette pour mieux mélanger, formez une pâte molle et travaillez-la jusqu'à ce qu'elle fasse des bulles, couvrez-la avec une serviette, laissez-la reposer une demi-heure. D'autre part : épluchez douze pommes, coupez-les en lames minces dans une terrine, vous y semez du sucre et un peu de canelle, ajoutez un quart de Smyrne. Mettez sur une table carrée une nappe bien poudrée de farine, roulez-y dessus votre pâte épaisse d'un centimètre; après, vous placez vos mains dessous, avec le dos de vos mains allongez-la; lorsque vous voyez la pâte devenir transparente, posez-la sur la nappe, tirez de tous les côtés avec les doigts, avec beaucoup de précaution, ne pas la déchirer lorsqu'elle est mince comme du papier. Étalez vos pommes bien égales dessus, saupoudrez-les avec de la chapelure frite au beurre et mettez du sucre en poudre, prenez les deux bouts de la nappe, élevez-les assez haut de manière que la pâte se roule en dedans pour obtenir la forme d'une anguille, posez l'entremets dans un plat creux beurré, carré, long ou rond; dorez-le et cuisez à feu modéré trois petits quarts d'heure, en l'arrosant avec du beurre fondu. Une fois cuit, coupez-le en morceau, dressez-le sur un plat et saupoudrez de sucre, servir chaud. — Très bon à manger. Cet entremets se fait avec des cerises dénoyautées, poires et autres fruits.

Stroudel au fromage à la crème

Rahim-Strudel

Travaillez 125 gr. de beurre en crème,

ajoutez-y 125 gr. de fromage blanc, non salé, passé au tamis; une fois mêlé, vous y ajoutez un quart de crème double, 4 jaunes d'œufs, 60 gr. de sucre en poudre et un quart de raisin Smyrne. Tirez une pâte à Stroudel comme ci-dessus, couvrez-la d'une couche d'un demi-centimètre de cet appareil en le lissant au couteau, roulez la pâte en dedans en forme d'anguille, mettez l'entremets dans un plat creux, arrosez-le avec du beurre fondu et de la crème double, faites-le cuire trois quarts d'heure au four doux en arrosant souvent avec de la crème. Une fois cuit, le couper en tranches et le dresser dans un plat creux, y verser une crème vanille dessus et servir chaud.

Timbale de pâte au Jambon

Schinkenfleckchen

Faites une livre de pâte à nouilles, partagez-la en deux parties, travaillez-la lisse, laissez-la reposer un quart d'heure, abaissez-la au rouleau assez mince et saupoudrez de farine, coupez-la en petits carrés, grandeur d'un centimètre carré, faites-les blanchir à l'eau salée, égouttez-les et rafraîchissez-les, puis les mettre sur un tamis.

D'autre part : travaillez un quart de beurre, ajoutez-y 500 gr. de jambon cuit et finement haché, un demi-litre de crème aigre, sel, poivre, muscade, deux jaunes d'œufs et les nouilles. Une fois ce mélange, ajoutez les deux blancs en neige, versez le tout dans un moule à charlotte beurré gras et enduit de chapelure, cuisez à four un peu chaud, donnez une belle couleur, démoulez et servez chaud sur un plat d'argent.

Nouilles à la crème

Ausgedünstèle-Nudlen

Faites une livre de pâte à nouilles, pétrir au lait au lieu d'eau et un morceau de beurre, abaissez-la au rouleau, coupez-en des nouilles, laissez-les sécher. Mettez dans une casserole trois litres de lait avec un quart de beurre, 100 gr. de sucre, vanille, sel. A la première ébullition mettez les nouilles, remuez-les à l'écumoire, pour les empêcher de se coller couvrez la casserole et laissez mijoter sur le coin; quand elles ont absorbé le lait, versez-les sur une plaque bien beurrée, arrosez-les avec du beurre fondu, faites-les cuire au four un quart d'heure en les remuant souvent avec une fourchette, dressez-les sur un plat, poudrez-les à la sucrière et servez-les chaudes.

Nouilles au Beurre

Butternudlen

Blanchissez des nouilles et rafraîchissez-les à l'eau froide; égouttez-les. Faites revenir dans du beurre de la grosse chapelure et versez les nouilles dedans; mélangez à la fourchette, couvrez la casserole et laïssez-la quinze minutes au four. Dressez-les sur plat et servez-les comme entremets ou garniture.

Nouilles à la semoule

Griesnulden

Faites revenir deux cuillerées de semoule dans du beurre, mouillez avec de la crème ou du lait, laissez-la cuire quelques minutes, mettez ensuite une livre de nouilles dedans que vous avez blanchies avant; mélangez bien, passez-les au four et servez-les chaudes. Ce genre d'entremets se confectionne également avec les nouilles coupées en carré.

Pâte à la Hongroise

Ungarische-Zweckeln

Abaissez une livre de pâte à nouilles en galette et assez mince; laissez-la sécher, coupez-la en morceaux carrés, faites blanchir à l'eau salée et égoutter sur un tamis.

D'autre part, sautez à la poêle 250 gr. de lard frais coupé en petits dés; lorsqu'ils sont bien rissolés, versez vos nouilles dedans, ajoutez une cuillerée à café de Paprika, un quart de crème aigre; laissez bien chauffer en faisant sauter et versez le tout dans un plat creux; passez dessus du fromage blanc passé au tamis et quelques rillons que vous avez gardés pour orner.

Nouilles aux pommes de terre

Erdapfelnulden

Cuisez des pommes de terre au four sur plaque, videz-les et passez au tamis sur le tour. Pour 500 gr. des pommes de terre en purée, vous ajoutez une demi-livre de farine, 4 jaunes d'œufs, du sel; faites une pâte à la main. Si elle est trop molle, ajoutez de la farine, roulez l'appareil en forme de saucisse, coupez-le en morceaux de 4 centimètres de long; roulez-les pour leur donner la forme navette ou quenelles de volaille; cuisez dix minutes à l'eau salée, égouttez-les sur un tamis. Faites fondre dans un sautoir un fort quart de beurre, ajoutez-y une poignée de chapelure fraiche, laissez-lui prendre une couleur dorée. Versez les nouilles dedans, mélangez bien en les sautant, poussez-les au four un quart d'heure et servez-les chaudes.

Boulettes aux prunes

Zwetschgen-Knodeln

Otez les queues de quelques douzaines de

prunes, essuyez-les avec un linge, enveloppez-les toutes à part dans un morceau de pâte à pommes de terre (voyez ce mot) de la grosseur des prunes, moulez-les bien rondes à la main, posez-les sur une plaque farinée et blanchissez-les, à l'eau bouillante et salée dix minutes. Retirez-les avec précaution à l'écumoire et égouttez-les sur un tamis. Faites fondre dans une plaque à rebord un gros morceau de beurre, ajoutez une poignée de chapelure, laissez prendre couleur, versez-y les boulettes dedans, roulez-les dans le beurre, poussez la plaque dix minutes au four. Dressez-les sur plat, poudrez-les de sucre et cannelle en poudre.

Nouilles aux pavots

Mohnnudelnz

Cuisez les nouilles comme à l'ordinaire, versez-les dans une casserole, ajoutez du beurre fondu, une poignée de grains de pavots moulus au moulin. A défaut d'un moulin à pavot, les piler au mortier avec un peu de sucre ; dressez les nouilles dans un plat et semez-y dessus des pavots pilés et du sucre.

Les nouilles aux noix se préparent de même; au lieu de pavots, vous pilez des noix avec du miel.

Griesschmarren

Incorporez, dans un litre de lait, un demi-litre de semoule crue, ajoutez une pincée de sel et une poignée de sucre en poudre, laissez tremper à froid l'appareil deux heures. Faites fondre dans une casserole plate 250 gr. de beurre, versez l'appareil dedans; couvrez la casserole, poussez-la au four; au bout d'une demi-heure, retirez-la, grattez la semoule avec une fourchette, enlevez aussi les croûtes qui se sont attachées au fond de de la casserole avec une petite pelle, mélangez le tout ensemble, ajoutez encore un gros morceau de beurre, dressez l'entremets dans un plat, poudrez-le et servez chaud avec une compote de prunes ou des prunes fraîches en compote.

Kaiserschmarren

Délayez quatre cuillerées de farine avec

un demi-litre de lait et 6 jaunes d'œufs, deux cuillerées de sucre en poudre, une pincée de sel et 50 gr. de beurre fondu. Ajoutez à l'appareil quatre blancs d'œufs en neige. Beurrez une plaque, ajoutez dessus 60 gr. de beurre, versez votre appareil dessus et poussez au four. Quand l'entremets est cuit et a une belle couleur, décollez-le, avec une pelle, en petits morceaux et mélangez à la terrine une poignée de raisins Smyrne, du sucre en poudre et du beurre; poussez-le encore au four et servez sur plat.

Supita

(METS SLAVE)

Préparez le même appareil que ci-dessus, versez-le sur une plaque beurrée, poussez-le au four, faites prendre une belle couleur. Une fois cuit, vous l'arrosez avec un demi-litre de crème épaisse et du beurre fondu; saupoudrez de sucre, remettez au four un instant. Coupez-le en morceaux carrés, dressez-les sur un plat et servez chaud.

Semmelschmarren

Coupez une douzaine de croissants en rondelles, ou bien de la brioche rassie; mettez-les dans une terrine, mouillez-les avec un litre de lait dans lequel vous avez incorporé six jaunes d'œufs, une poignée de sucre en poudre et une cuillerée à café de cannelle; laissez tremper l'appareil une demi-heure et travaillez-le avec une poignée de Smyrne. Faites fondre dans une plaque un gros morceau de beurre, versez l'appareil dedans et mettez-le au four une demi-heure, remuez-le avec une pelle, arrosez-le avec du beurre, laissez-lui former des croûtes, dressez-le sur plat, saupoudrez de sucre et de cannelle en poudre.

Pfannkuchen

Faites fondre du beurre dans des petites poêles à pannequets, versez dans chacune une grande cuillerée à soupe de l'appareil à kaiserschmarren (voir ce mot), vous poussez les poêles au four, lorsqu'elles ont une belle couleur, vous les finissez de cuire sur la plaque du fourneau, mettez-les sur une assiette, masquez-les de groseille et servez chaud.

Profesen

Ce mets a beaucoup de ressemblance par sa forme et sa préparation avec les sandwichs; on le confectionne soit avec du hachis de viande ou de la confiture.

Voici la recette :

Coupez dans un pain de mie des tranches d'un demi-centimètre d'épaisseur, longues ou rondes, selon votre goût ; placez-les dans un plat creux, arrosez-les avec du lait, salez et poivrez ; égouttez-les ; placez ensuite entre deux tranches une couche de hachis de cervelle ou de jambon ; trempez-les après dans des œufs battus, faites-les colorer au beurre en les retournant, égouttez-les et dressez-les sur une purée d'épinards ou autres légumes.

Hachis de jambon

Hachez finement du jambon, mélangez-y persil haché, beurre, poivre et une cuillerée de béchamel.

Hachis de cervelle

Prenez une cervelle de veau ou mouton, ôtez la peau, hachez-la, faites-la sauter au beurre avec du persil et un peu d'oignon finement haché, ajoutez poivre, sel et muscade, laissez-la refroidir et employez-la pour les *pofesen*.

Pofesen aux confitures

Préparez-les de la même manière; au lieu de hachis, fourrez-les avec de la confiture, de préférence la marmelade de pruneaux; faites-les bien dorer au beurre, clarifiez comme les pains perdus, saupoudrez-les de sucre.

Salzburger-Nockeln

Prenez une demi-livre de pâte à choux, formez sur une planche bien farinée des saucisses longues et minces comme le petit doigt; coupez-les de 2 centimètres de long, saupoudrez-les avec de la farine pour les empêcher de coller ensemble; mettez-les ensuite dans un litre de lait bouillant bien sucré et vanillé; laissez-les cuire cinq minutes, retirez du feu, ajoutez un gros morceau de beurre et laissez-le refroidir; mélangez tout doucement six jaunes d'œufs et la neige de six blancs; versez l'appareil dans une casserole à souffler très large; cuisez-le au four doux, envoyez séparément une crème à l'anglaise.

Omelette à la Viennoise

Prenez quatre œufs entiers, séparez-les jaunes des blancs. Ajoutez aux jaunes quatre cuillerées de sucre en poudre, une cuillerée à café de jus de citron, tournez à peu près quinze minutes, battez les blancs en neige, mélangez doucement.

Faites chauffer un bon morceau de beurre dans une poêle comme pour une omelette ordinaire, versez-y votre appareil et faites cuire au four 10 à 15 minutes; préparez quatre cuillerées de marmelade d'abricots avec quelques gouttes de kirsch. Mettez au milieu et roulez, s'il restait du beurre autour, épongez-le bien, saupoudrez de sucre en poudre; cet entremets est toujours bien. Il faut laisser reposer un peu dans la poêle avant d'ajouter la marmelade et la rouler; on peut la décorer de cerises et angélique.

Himmel-Reich

Les himmel-reich ou *royaume du ciel* sont un des nombreux et excellents farinages que savent si bien préparer les ménagères autrichiennes; il est vrai qu'elles disposent pour cela de produits vraiment supérieurs. La farine de Hongrie, le beurre des montagnes, la crème, la levure, le si délicat jambon de Prague, tout concourt à ce que l'étranger lui-même devienne en peu de temps amateur de ces divers *mehlspeise*.

L'appareil pour ce farinage consiste en une pâte à brioche commune.

Tamisez une livre de farine, faites un creux au centre, mettez 10 gr. de levure sèche, délayez au lait tiède pour absorber le quart de la farine, additionnez un à un en battant la pâte, avec les doigts, quatre œufs entiers, puis un quart de livre de farine et terminez en y mélangeant un quart de beurre manié. Relevez dans une terrine et laissez reposer une heure. N'oubliez pas 10 gr. de sel dans la pâte. Deux heures avant de servir, roulez cette pâte en boudin que vous coupez et dont vous formez des boulettes de la grosseur d'un œuf de pigeon, placez-les sur une plaque poudrée de farine, tenez au chaud pour que cela lève lentement. Un quart d'heure avant le service, plongez-les dans une grande casserole d'eau bouillante salée, au premier bouillon, retirez sur le coin du feu, que l'eau continue à *frémir* et couvrez.

Préparez entre temps un beurre noisette assez copieux. Au bout de dix minutes de cuisson égouttez les boulettes. Ouvrez-les en deux presque entièrement avec deux fourchettes, une dans chaque main. Dressez-les par couche sur un plat en arrosant à mesure de beurre noisette dans l'intérieur. Envoyez de suite les boulettes sur table en même temps qu'une langue fumée, du jambon chaud ou du *Kaiserfleisch* (morceau de porc vers le cou comme le spiring du bœuf). Les boulettes doivent baigner un peu dans le jus.

En Moravie et en Silésie, on sert le plus souvent une compote chaude de pruneaux au zeste de citron. Dans tous les cas, il faut opérer vivement aussitôt que les boulettes sont égouttées si l'on veut avoir un plat parfait.

SEPTIÈME PARTIE

PATISSERIE

Backerein. — Gâteau aux Cerises

Kirchenkuchen

Otez les noyaux d'une demi-livre de cerises, laissez-les macérer dans du kirsch.

Beurrez une tourtière ou un plat à sauter; remplissez-le à moitié de pâte à génoise. Poussez-le quelques minutes au four; quand la surface est prise, semez la moitié de vos cerises dessus, remplissez votre plat avec le restant de pâte à génoise et semez le reste de vos cerises dessus. Cuisez le gâteau à four modéré. Démoulez-le et le poudrez dessus. Servir froid sur serviette.

Tourte au pain

Pilez une demi-livre d'amandes, émondées très fines, avec un verre de cognac; ajoutez une demi-livre de sucre en poudre, le zeste d'un citron, 10 gr. de cannelle, 2 clous de girofle en poudre, 100 gr. de pain noir en chapelure sèche et humectée au cognac. Mettez-le tout dans une terrine, travaillez-le avec 2 œufs entiers, 6 jaunes et 4 blancs bien fermes. Cuisez l'appareil dans un moule à manqué, démoulez-le et glacez à l'orange.

Tourte à l'Empereur

Travaillez à la terrine 250 gr. de sucre avec 250 gr. d'amandes émondées et finement pilées, 6 jaunes d'œufs durs passés au tamis, le zeste d'un citron, 25 gr. de beurre fondu, et une poignée de farine.

Linzer-Tarte

125 gr. d'amandes pilées, passez-les au tamis sur le tour, ajoutez-y 125 gr. de fa-

rine, 125 gr. de sucre, 125 gr. de beurre, le zeste d'un demi-citron haché fin, une cuillerée à café de cannelle ; coupez-le tout finement au couteau et frottez l'appareil

Fig. 3. — Linzer-Tarte

entre les mains sans le brûler, ajoutez-y deux jaunes d'œufs et une cuillerée de crème double, mêlez bien sans travailler, et donnez un quart d'heure de repos.

Beurrez un cercle, posez-le sur une tourtière beurrée, mettez un fond qui garnisse la moitié du flan et posez au-dessus une bordure épaisse, jusqu'à la hauteur de la crête, mettez, dans le vide, de la confiture de framboise ou abricot, grillez le dessus à l'éperon, dorez et cuisez au four modéré.

Tourte au chocolat

Pilez une demi-livre d'amandes émondées avec le jus d'un citron très fin pilé. Mettez dans une terrine, ajoutez-y le zeste d'un demi-citron haché finement, 150 gr. de sucre en poudre, 2 tablettes de chocolat râpé, 8 jaunes d'œufs, travaillez l'appareil mousseux, battez les blancs ; mélangez-les à l'appareil, et 150 gr. de beurre fondu. Garnissez des moules à génoises beurrés et poudrés à la farine. Cuisez à four doux. Démoulez et sitôt froid abricoter et glacer chocolat.

Sacher-Tarte

Travaillez un quart de beurre avec un

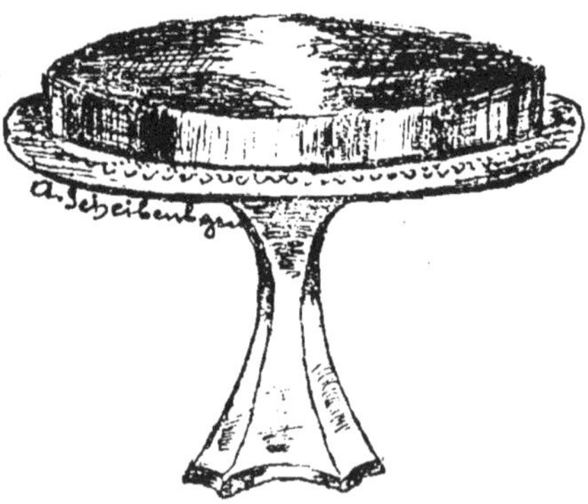

Fig. 4. — Sachter-Tarte

quart de sucre, le zeste d'un demi-citron

haché fin, ajoutez 60 gr. de chocolat fondu et 6 jaunes d'œufs. Mélangez 6 blancs bien fermes et 80 gr. de farine. Beurrez un large plat à sauter, farinez-le. Ne le garnissez pas tout à fait. Cuisez à four doux. Une fois refroidi, l'abricoter et glacer chocolat.

Cette tourte doit être très large comme une galette, 2 centimètres de hauteur seulement.

Pain de Gênes à la Viennoise

Travaillez 100 gr. de sucre avec 100 gr. beurre en pommade, ajoutez 60 gr. d'amandes émondées et pilées finement avec un verre de kirsch, ajoutez 3 tablettes de chocolat ramolli, 6 jaunes d'œufs, 4 blancs en neige et un quart de fécule, faites cuire dans un moule de Gênes avec du papier et servez-le comme le pain de Gênes.

Tourte à la Viennoise

Proportions :
500 gr. de farine;
375 — de beurre;
125 — de sucre en poudre;
3 jaunes d'œufs, sel quelques grains.

Travaillez la pâte très peu et la laisser reposer ; faites mariner des pommes coupées minces, saupoudrez-les avec du sucre et du rhum, quelques raisins de Smyrne bien lavés, partagez la pâte en deux, beurrez une tourtière, abaissez votre pâte, étendez une couche de confiture d'abricots ; étendez vos pommes, recouvrez d'une couche de marmelade, étendez le restant de votre pâte dessus, rayez et dorez, et faites-la cuire au four modéré.

Tourte à variation

Cette tourte est composée de deux ou trois

Fig. 5. — Tourte à variation

appareils, soit en génoise au chocolat, en

pâte à noix ou pâte brisée, le tout cuit à part, on les colle l'un sur l'autre. La hauteur de 10 à 15 centimètres lui convient; la glacer au parfum voulu et la décorer finement aux fruits ou au cornet.

Tourte aux noix

Pilez un quart de noix et un quart de noisettes ensemble, mouillez-les avec un verre de cognac, pour empêcher de tourner en huile; mettez-les dans une terrine et travaillez avec 250 gr. de sucre en poudre et 12 jaunes d'œufs; quand l'appareil est bien mousseux, mélangez 6 blancs bien fermes avec une cuillerée de farine, cuisez l'appareil dans un moule plat beurré et fariné, à four doux. Laissez refroidir une fois cuit, fourrez de confiture d'abricot, abricotez et glacez au café, et décorez avec des moitiés de noix, glacées au sucre cuit.

Tourte au punch

Cuisez dans un cercle une abaisse en pâte brisée assez épaisse et la laissez refroidir dedans. D'autre part, coupez en morceaux carrés des biscuits ou génoise, imbibez-les avec du rhum et du sirop. Achevez de garnir le cercle où est le fond, pressez et égalisez la surface, ôtez le cercle, glacez le gâteau à l'orange.

Tourte de meringue aux fraises

Schaum-Torte

Cuisez dans un cercle à flan une abaisse de pâte brisée assez épaisse. Otez le cercle et laissez-la refroidir. Vous la masquez avec de la marmelade, une couche.

D'autre part, faites un meringuage de 3 blancs et un quart de sucre vanillé, faites-y entrer un quart de fraises des bois, mettez cet appareil sur l'abaisse, égalisez-le au couteau et le décorez comme un flan meringué, poudrez-le et passez à four chaud, pour colorer la surface.

Gugelhupf ou Gouglof à la Viennoise

Travaillez 250 gr. de beurre en mousse avec 5 gr. de sel et 2 cuillerées de sucre, vanille, 6 jaunes d'œufs. Délayez dans un bol chaud 20 gr. de levure avec un demi-litre de crème tiède et laissez lever, versez la levure dans votre appareil avec 500 gr. de farine, mélangez et battez bien le tout ensemble avec une stapule ou cuillère en

Fig. 6. — Gugelhupf

bois jusqu'à ce que la pâte soit bien lisse; incorporez-y un quart de raisins de Smyrne épluchés. Beurrez un moule à Kügelhof au beurre clarifié, saupoudrez-le aux amandes effilées; garnissez le moule à moitié et laissez lever sans mettre à l'étuve. Cuisez à four modéré, démoulez et servez froid. Régal des Viennoises dans leur café au lait.

Nussbeugeln

Ce gâteau est très connu en Autriche et Hongrie et surtout à Presbourg. La forme est celle d'un croissant ou croissant fourré.

Voici la recette : Une livre de farine, 10 gr. de levure détrempée au lait chaud, 150 gr. de beurre, 100 gr. de saindoux, 10 gr. de sel. On pétrit le tout ensemble, ce qui donne une pâte assez ferme, bien la travailler. Ensuite vous prenez 60 gr. de bonnes noix que vous pilez avec autant de sucre, une cuillerée cannelle ou muscade, une cuillerée à café ; mouillez avec deux blancs et mettez à part.

Vous coupez la pâte en morceaux de 50 gr. et l'aplatissez au rouleau, comme pour les croissants, mettez une cuillerée de cet appareil au milieu, enveloppez-les et roulez comme les croissants, mettez sur plaques et dorez à l'œuf. Laissez lever pendant une heure au moins. Lorsque la dorure qui a séché se fendille, ils sont prêts à mettre au four, on les dore de nouveau et on les cuit à four doux. Exquis.

Pain d'Anis

Travaillez 140 gr. de sucre avec 3 jaunes d'œufs, incorporez-y une poignée d'anis triés et 250 gr. de farine, formez un petit pain long que vous posez sur une plaque beurrée ; dorez et cuisez à four doux. Laissez refroidir et coupez en tranches minces.

Bretzeln à l'Anis

Travaillez 125 gr. de beurre avec 80 gr. de sucre en poudre et 5 jaunes, de peu à peu, puis un demi-litre de farine, le zeste d'un citron haché. Placez cette pâte sur glace et formez des petits Bretzelns, posez-les sur plaques beurrées, dorez à l'œuf, saupoudrez-les d'anis et sucre en poudre. Cuisez à four doux. Bons pour le café et pour la bière.

Pain d'Évêque

Bischof-Brod

Travaillez de peu à peu 8 œufs avec une demi-livre de sucre et au fouet, ajoutez-y 90 gr.

d'amandes effilées, 60 gr. de raisins de Smyrne, 30 gr. d'écorce de citronnat coupée en petits dés, le zeste d'un demi-citron et autant d'orange hachée finement; incorporez-y 250 gr. de farine et cuisez-le dans un moule long carré, laissez-le refroidir et coupez-le en tranches.

Pain aux fruits

Kletzen-Brod

Trempez une livre de pruneaux dans l'eau chaude, lavez-les bien, ôtez les noyaux, coupez-les dans leur longueur, mettez dans une terrine; ajoutez aussi une livre de poires sèches également trempées et coupées en morceaux, une demi-livre de raisins de Smyrne, une demi-livre de Corinthe, 125 gr. d'amandes effilées, 125 gr. de pignons, 60 gr. de citronnat, autant d'orangeat, 125 gr. de dattes, le tout coupé en julienne, une pincée de muscade râpée, une de poivre et de clous de girofle pilés, une pincée d'anis, deux décilitres de miel, un demi-litre de rhum, mélangez bien le tout ensemble comme pour les minces-pies anglais. Couvrez

pointe en haut, séchez-les à l'étuve ; remplissez-les avec une crème Chantilly vanillée ; collez-les deux ensemble et glacez-les au chocolat ; poussez-les quelques minutes au four pour les rendre brillantes et sèches ; mettez-les dans des caisses en papier et servez-les sur serviette.

CUISINE ORIENTALE

Je donne seulement quelques recettes populaires que j'ai trouvées dans mes voyages en Orient jusqu'à Constantinople, pour pouvoir servir à mes collègues soit en Orient ou chez des familles orientales, à Paris.

POTAGES

Potage au riz

Faites cuire du riz tendre, dans du bouillon de mouton ou bœuf, le potage doit être pas trop épais ; liez-le avant de servir avec des jaunes d'œufs fouettés, avec le jus d'un citron. Laissez le potage chauffer au dernier degré et servez-le dans une soupière.

Potage queues de mouton au riz

Faites cuire quelques queues de mouton ou agneau ; coupez en tronçons avec des légumes, un gros oignon clouté de clous de girofle, un bouquet garni. Quand les queues sont cuites, passez la soupe, dégraissez-la comme il faut, mettez les queues dans un bain-marie au chaud, faites cuire dans la soupe une poignée de riz tendre, liez-la avec des jaunes d'œufs fouettés, avec le jus d'un citron, ajoutez-les queues de mouton et servez-le chaud.

Potage Rizotto à l'Orientale

Faites cuire dans du bouillon de mouton du riz ; quand le riz est tendre, ajoutez un verre de sauce tomate fraîche et une poignée de petits pois cuits, une pincée de persil haché, servez-le très chaud avec du fromage de chèvre sec râpé.

Potage aux tomates

Faites une soupe aux tomates très liquide et transparente, ajoutez quelques cuillerées de bonne farine de maïs ; laissez-la cuire comme de la semoule et servez-la avec du fromage de chèvre sec râpé.

Potage de trois goûts

Mélangez une égale quantité de purées suivantes ensemble : une purée de soubise, une purée de courges, et une purée de tomates liquides et fraiches, allongez le potage avec du bouillon de mouton ou bœuf, laissez-le cuire un quart d'heure, liez-le avec un verre de crème de chèvre aigre et servez-le très chaud.

Potage à la crème au riz

Faites un roux blanc, mouillez-le avec du lait de chèvre aigre, ajoutez du riz cuit et de petits morceaux de mouton coupés en carrés et servez avec la soupe une terrine en terre de crème de chèvre aigre, dont la peau sur la surface doit avoir des signes de moisi bleuâtre : on sert cette espèce de crème avec du mouton ou agneau rôti, ou comme dessert en place de fromage, il doit être servi très froid; donc on a toujours une grande provision dans la cave dans de petites terrines en terre, au fur et à mesure que l'on prend une terrine, on la remplace, aussi, il faut au moins huit jours pour la faire germer à point.

Les Orientaux aiment beaucoup ce genre de fromage : il paraît qu'il doit être très sain et fortifiant ; on le voit bien du reste d'après la race d'Albanais, les montagnards d'Albanie, qui ne se nourrissent rien qu'avec de la bouillie, de la farine de maïs et du lait de chèvre.

POISSONS

Rougets à l'Orientale

Prenez de petits rougets de Marseille, salez, poivrez-les, mettez-les dans un plat à sauter avec 4 cuillerées d'huile, de la purée de tomates, le jus d'un citron, une pointe de cayenne, rangez-les rougets dedans, couvrez les, faites-les cuire doucement en les tournant une fois, dressez-les sur un plat et versez-la sauce dessus, étant réduite, un peu d'eau, avec les petites rondelles d'oignon et du persil haché dans chaque rond.

Mulet à la plaqui

Hachez finement une demi-livre d'épinards crus, des carottes, une demi-livre d'oseille, une poignée de cerfeuil, idem céleris verts, idem persil, blancs de poireaux, quelques tomates nettoyées, faites revenir le tout dans de l'huile. Arrosez les légumes avec un verre de vin, laissez-les doucement cuire, placez un mulet sur un plat à gratin, couvrez-le avec les légumes, saupoudrez-le avec de la chapelure, arrosez-le avec de l'huile, ajoutez encore au fond du plat un verre de vin blanc, poussez-le au four pour le faire cuire en arrosant souvent, servez-le avec une belle couleur.

On peut faire ce plat avec différentes espèces de poissons.

HORS-D'ŒUVRE

Fonds d'artichauts à l'huile

Choisissez de gros artichauts, tournez-les en fonds, rangez-les dans une casserole, assaisonnez-les avec du sel, poivre, couvrez-les avec de l'huile d'olive et autant d'eau et une cuillerée de vinaigre, le jus de 2 citrons, couvrez-les, faites-les cuire doucement jusqu'à ce que le jus soit réduit en formant une sauce épaisse, avec de l'huile ; si les fonds sont trop gros, on peut les couper en deux, et dresser en couronne et napper avec le jus.

Tomates à l'Orientale

(*Hors-d'œuvre chaud*)

Choisissez des tomates d'une égale grosseur bien fermes, videz-les, salez-les, laissez-les égoutter ; d'autre part, faites cuire à l'eau du riz bien ferme, égouttez-le à sec, salez et poivrez-le, remplissez-les tomates avec le riz, pas trop, pour qu'elles ne crèvent pas pendant la cuisson. Placez-les dans un plat à sauter, arrosez-les avec de l'huile et une sauce tomate liquide et le jus d'un citron, couvrez-les avec les rondelles de tomates que vous avez gardées, couvrez-la casserole, laissez-les lentement cuire au four en arrosent souvent, avant de retirer du four laissez prendre un peu de couleur, dressez-les dans un ravier, arrosez-les avec la sauce en passant dans un chinois, la sauce doit être piquante et acide par les citrons.

PLATS DE CUISINE

Bouréquis

Hachez finement une tranche de mouton après l'avoir bien énervée, ajoutez un peu d'oignon haché, un morceau de beurre, du sel, poivre, muscade et un œuf, mélangez le tout ensemble, formez des boulettes de la grosseur d'une noix, faites-les revenir au beurre dans un plat à sauter, arrosez-les avec de la sauce tomate et faites-les cuire deux heures, en arrosant souvent, servez-les de préférence dans une casserole en argent, versez la sauce dessus que l'on finit par quelques cuillerées de crème aigre en place de beurre.

Servir le riz à part.

Kéftis au riz

Même préparation comme les bouréquis ; au lieu du mouton on prend de la tranche de bœuf ; on les aplatit et on les fait tout simplement cuire au beurre, et on les dresse sur un plat en arrosant avec une sauce tomate au citron et on sert le riz à part.

Gigot d'agneau à la Turque

Mettez un gigot d'agneau dans un plat en terre, ajoutez du riz bien lavé et autour de chaque côté un petit oignon clouté, couvrez le riz avec de l'eau, et le gigot avec un gros morceaux de beurre.

Le gigot doit être couvert avec une toile d'agneau et aussi le riz, faites-le cuire au four en arrosant souvent avec du bouillon et du beurre, le riz doit être bien cuit et avoir absorbé tout le jus et la graisse en restant sec et tendre.

Ragoût de bœuf aux petits pois.

Coupez dans une côte de bœuf des morceaux carrés, faites-les revenir dans du beurre avec des oignons hachés; quand le tout a une belle couleur ajouter, en volume, autant de petits pois écossés frais que de viande; mouillez le tout avec de l'eau ou bouillon; couvrez la casserole et laissez-le cuire au four doucement: lorsque la viande et les petits pois sont cuits, et la sauce réduite, servez-le avec du lait aigre.

Ragoût de bœuf aux haricots verts.

Même préparation que le précédent, excepté seulement que l'on blanchit les haricots d'avance et qu'on les ajoute quand la viande est à moitié cuite ; on le sert comme le précédent avec du lait caillé.

Pilaf de mouton.

Préparez un ragoût de mouton ou agneau comme les précédents en tout petits carrés ; lorsque la viande est à moitié cuite, ajoutez du riz bien lavé et ajoutez encore du bouillon de tomate et laissez-le cuire au four doucement jusqu'à ce que le riz cuit ait absorbé tout le liquide, servez de la crème avec le pilaf. La cuisson du riz demande exactement vingt minutes, et bien couvert, et il faut deux fois son volume de liquide, par exemple un bol de riz, deux bols d'eau ou bouillon. Le découvrir, le laisser à la bouche du four quelques minutes avant de servir.

Musaka.

Épluchez des grosses aubergines fermes, coupez les tranches de leurs longueurs à l'épaisseur d'un demi centimètre, mettez-les dans une terrine avec du sel pour qu'ils rendent de l'eau. Au bout d'une heure lavez-les à l'eau froide, égouttez-les après les avoir serrés dans du linge pour les sécher, roulez-les dans de la farine, faites-les frire dans du beurre ou plutôt sautées au beurre d'une belle couleur jaune, mettez-les à côté sur une assiette.

D'autre part, hachez finement un morceau de tranche de bœuf bien énervée, avec un oignon, faites-le tout revenir au beurre, hachez-le de nouveau finement pour qu'il devienne comme de la semoule, prenez une casserole à souffler, beurrez-la, mettez au fond une couche d'aubergines, après une couche de viande hachée, ainsi de suite, jusqu'à ce que la casserole soit pleine, la dernière couche c'est des aubergines un peu plus épaisses, arrosez-les avec une sauce tomate liquide, ajoutez du beurre et laissez-les cuire au four 2 heures en arrosant souvent, servez des citrons avec ce plat. Je peux certifier que c'est un excellent mets.

Mayonnaise à la Grecque.

(*Hors-d'œuvre froid.*)

Pilez 100 gr. de caviar avec un peu d'oignons très modérément, ajoutez un empereur à 5 centimes que vous avez décroûté et trempé dans de l'eau et pressez dans un linge à sec, pilez tout ensemble, passez l'appareil dans un tamis fin, mettez-le dans une terrine, travaillez-le à l'aide d'une cuillère en bois, ajoutez le jus d'un citron et doublez la quantité avec de l'huile, si elle devient trop épaisse ajoutez du vinaigre, dressez cette mayonnaise en dôme avec des tranches de citron et servez-la très froide.

Courges farcies.

(*Plat de cuisine.*)

Hachez finement un morceau de tranche de bœuf, retirez les nerfs, faites-le revenir avec un peu d'oignon dans du beurre, hâchez la viande de nouveau pour obtenir de la semoule ajoutez sel, poivre et une pointe de canelle en poudre, mettez ce hachis dans la poële, ajoutez quelques cuillerées de purée de tomates fraîches et deux cuillerées de riz à moitié cuit et laissez le tout encore cuire 10 minutes fermé doucement à côté du four.

Prenez des courges bien fraîches de moyenne grosseur, coupez les deux bouts, videz-les au travers avec un emporte-pièce à colonne, remplissez les vides avec cette farce ; rangez-les dans un plat à sauter, arrosez-les avec de la sauce tomate liquide ; ajoutez du beurre, fermez le plat à sauter (hermétiquement fermé) et laissez-les cuire au four doux 4 heures, jusqu'à ce que la sauce soit réduite, dressez-les dans un légumier ; ajoutez à la sauce un jaune d'œuf ; hors du feu, le jus d'un citron ; ajoutez du beurre pour faire une sauce hollandaise mousseuse, versez la sauce sur les courges et servez-les chaudes.

LÉGUMES

Courges frites.

Prenez de grosses courges bien fraiches,

coupez-les en julienne de leur longueur, mettez-les dans une terrine avec du gros sel, laissez-les une heure pour en retirer l'eau, lavez-les dans l'eau fraîche, serrez-les dans un linge et faites-les tremper dans un œuf battu, ensuite dans la farine de manière qu'elles ne collent pas ensemble en restant sèches; faites-les frire à l'huile bien chaude dans un panier à frire ; quand elles ont obtenu une couleur dorée, dressez-les sur une serviette avec du citron.

Tomates farcies à la Grecque.

Prenez des tomates bien fermes, videz-les, laissez-les égoutter ; remplissez-les avec la même farce (comme pour les courges), rangez les dans un plat à sauter, arrosez-les avec du beurre, quelques cuillerées de jus de viande, une cuillerée de la sauce de tomates fraîches, couvrez la casserole, faites-les cuire 2 heures au four doux en arrosant souvent avec du jus ou du bouillon ; quand le jus est complètement réduit, faites une sauce mousseuse en ajoutant encore une cuillerée de la purée de tomates, du jus d'un citron et du beurre et faites une sauce comme pour les courges, servez-les bien chaudes.

Courges en salades.

(*Hors-d'œuvre.*)

Faites blanchir dans l'eau des courges fermes et fraîches, égouttez-les sur un tamis, coupez-les en quatre sur leur longueur; serrez-les un peu pour faire sortir de l'eau, mettez-les dans un ravier, assaisonnez comme une salade.

Haricots verts à la Grecque.

Faites blanchir à moitié une livre de haricots verts, moyens ; mettez-les dans une casserole, arrosez-les avec de la sauce tomate liquide, le jus d'un citron et du beurre, du sel, poivre ; fermez la casserole et laissez-les cuire au four doux 4 heures environ, dressez-les dans un légumier et servez du lait caillé avec les haricots.

Je ne donne pas de mesure pour cette pâtisserie, le praticien peut la faire selon la quantité dont il a besoin.

En Serbie, on aime beaucoup la cuisine slave et hongroise : donc, le cuisinier qui travaille en Serbie, Bulgarie et Herzégovine n'a qu'a faire de la cuisine autrichienne.

LA BOULANGERIE

Boulangerie viennoise

Il est peut-être assez intéressant pour nous, cuisiniers, d'avoir quelques notions sur la fabrication du pain ; car le pain, dans toutes ses formes, joue un assez grand rôle dans la cuisine ; malheureusement, on ne mange pas partout du bon pain et très souvent il arrive, en passant l'été à la campagne, dans certains pays ou à l'étranger, de ne pas trouver de pain convenable pour la table et moins encore pour certains plats.

Moi-même, n'étant pas boulanger, j'ai exécuté le travail des petits pains et m'en suis très bien tiré, d'après les recettes d'un des meilleurs ouvriers de la boulangerie de Paris, M. Vincent Schmidt.

Faisons d'abord l'histoire de la boulangerie : géographiquement, dans quel pays mange-t-on le plus et le meilleur pain ? C'est la France qui consomme le plus de pain blanc, fait exclusivement avec de la farine de froment, à part quelques départements comme en Bretagne et en Auvergne, où l'on met encore de la farine de seigle, de sarazin et même de maïs. Les Italiens consomment moins de pain, car ils mangent beaucoup de mets farineux et des pâtes. Par contre, en Suisse, le pain est excellent. Plus d'un de nos lecteurs qui a voyagé dans ce beau pays, doit le savoir, surtout dans le canton de Vaud. Je ne pourrais pas vous dire si en Espagne il y a du bon pain, c'est que le *Panatero* le pétrit avec ses pieds, comme autrefois en Province, et si les Espagnols trouvent cela tout naturel, c'est une affaire de goût. En Angleterre comme en Amérique, le pain contient 10 °/₀ de pommes de terre écrasées, que l'on fait entrer dans la pâte. Du reste, on ne le consomme qu'en tartines beurrées pour le thé. En Belgique et en Hollande, c'est à peu près la même chose, il leur faut du pain n'ayant pas de trous dans l'intérieur, car ils consomment tout en tartines beurrées. La Russie et l'Allemagne n'ont que du pain de seigle, le pain blanc n'existe qu'en petits pains de 5 et de 10 centimes. Les climats y sont pour beaucoup, le sol ne produisant pas de froment aussi facilement que la Beauce avec ses grandes plaines, la richesse de la France, et les plaines du Danube, en Hongrie. Aux habitants de ces pays, il leur faut une nourriture plus substantielle pour supporter les froids rigoureux, et le pain de seigle est bien plus nourrissant que le pain blanc, mais aussi plus lourd et plus indigeste. Le soldat français, tout en trempant sa soupe avec sa boule de son, mange encore du gâteau en comparaison du soldat prussien ou russe ; le pain de ce dernier est fait avec du seigle pur sans en retirer le son ; avec cela, l'on fait un pain en forme de pavé. Ce pain s'appelle *Pumpernikel* et, ceci est assez curieux, ce fut un gentilhomme français qui fut cause qu'on lui donna ce nom, à cet affreux pain.

Voici l'histoire : Sous Louis XV, au temps

du grand Frédéric (ami de Voltaire et de la France), le service des dépêches diplomatiques se faisait par des hommes favorisés à la cour et de toute confiance. Au milieu de la nuit, arrive un gentilhomme français, mourant de faim et de soif, dans une forteresse allemande au bord du Rhin, c'était Mayence; malheureusement l'on avait rien autre chose à lui offrir à cette heure tardive que du vin et du pain de soldat. Ce gentilhomme but force rasades de ce bon vin du Rhin, mais lorsqu'on lui présenta ce pain noir, si vilain à la vue et si détestable au goût, il s'écria, au milieu des officiers allemands qui l'entouraient : Comment ! vous appelez ça du pain ? Mais c'est à peine bon pour Nikel. Son cheval s'appelait Nikel. Ils rirent fort de cette expression toute spirituelle et le nom resta pour désigner du mauvais pain dans toute l'Allemagne. En écorchant un peu la langue française de ce *Bon pour Nikel*, on a fait *Pumpernikel*.

Pour en revenir à la fabrication du pain blanc, comme nous l'avons dit, c'est la France qui tient le premier rang pour la consommation, la bonté et la beauté ; mais cela ne veut pas dire que dans toute la France l'on mange du bon pain. Plus d'un de nos lecteurs doivent connaître cela par expérience ; exemple : il y a encore des contrées, même pas loin de Paris, où l'on trouve du mauvais pain ; cela tient à la vieille routine de nos campagnards et aussi aux blés et farines que le sol de ces contrées produit. Les pays du Nord, voisins de la Belgique, la Picardie, la Normandie, la Bretagne et une grande partie du centre de la France font du mauvais pain. En revanche, à partir de Bordeaux (pays des infantes et des millas) et dans tout le Midi, le pain est meilleur ; l'explication est assez simple, leurs blés étant supérieurs à ceux du nord. Le meilleur de tous est le pain à la provençale, quoiqu'un peu serré, qui se fabrique à Aix, Nîmes, Marseille, etc., etc.

Les boulangers du Midi nous font grand honneur, car il y a parmi eux des poètes, comme le regretté Reboul, de Nîmes, à qui Lamartine rendit visite quelques années avant sa mort. Un jour, un riche négociant, venu de Marseille pour avoir le plaisir de voir Reboul, entre dans sa boutique et voit un homme qui brossait son pain : « Pardon, monsieur, dit-il, M. Reboul le poète? — Il sera là à midi. — Bien, monsieur, » et il partit. Il revint un peu plus tôt et trouva le même boulanger qui lui dit : Je vous avais dit à midi, attendez un peu, il va descendre. Il s'esquiva et dix minutes après, il lui disait : « Je suis à vos ordres. » Le boulanger était habillé et causa poésie avec son visiteur. Revenons au pain provençal qui, malheureusement, exige un travail pénible et long et dont les boulangers de Paris ont depuis vingt ans abandonné le fabrication, et que la boulangerie viennoise a remplacé avantageusement pour tout le monde.

C'est vers 1840 que le vrai pain viennois fut fabriqué à Paris. (Les croissants se fabriquaient rue Dauphine depuis 1780, ils avaient suivi Marie-Antoinette.) Ce fut un nommé Zang, mort journaliste à Vienne, il y a quinze ans, laissant quatorze millions de fortune, qui commença à faire le pain viennois, 92 rue Richelieu, à Paris. Ce Zang, fils d'une riche famille de Vienne, s'était dit comme Procope deux siècles avant : « Il n'y a pas de glaciers à Paris, je vais fonder un glacier. » Zang fit de même : « Pas de pain viennois à Paris, je vais fonder une boulangerie viennoise », et, comme Procope, réussit de suite. Se trouvant à Paris à faire ses études, il constata avec surprise que Paris manquait du vrai bon pain de table, dit pain de gruau. l'explication en est curieuse : les boulangeries n'étaient pas si nombreuses qu'aujourd'hui, la taxe existait et le nombre de ces industriels était restreint. C'était donc difficile d'ouvrir une maison dont toute la boulangerie, en travaillant très fort et tout en faisant du bon pain ordinaire, le vendait toujours bien et, comme ils étaient taxés, ils n'avaient aucun intérêt de faire du bon pain et d'employer des farines premières.

Cette boulangerie viennoise eut un succès fou. L'on ne voyait dans les rues que les porteurs de pains, casquettes et voitures marquées *Zang*, il avait cinquante-cinq porteurs de pains ; tout Paris voulut avoir ses croissants et son pain de gruau, si bien qu'il fallut pendant quelque temps avoir un garde municipal pour garder la porte au dedans et deux en dehors, comme au théâtre le soir. les autres boulangeries se trouvèrent forcées de faire ce pain que tout le monde leur demandait, et firent venir peu à peu des ouvriers viennois pour satisfaire leur clientèle.

Et Zang fut en renom jusqu'en 1867. C'est à cette Exposition universelle que la boulangerie viennoise dut cet accroissement formidable qui a envahi la capitale et nos grandes villes d'eaux. M. Wanner faisait fabriquer toutes ses viennoiseries en pleine exposition, il avait amené plusieurs brigades avec lui, cela fit sa fortune. L'on venait de créer ce joli petit pain appelé *Empereur* et il en vendit tant qu'il put en faire. Aussi cela donna un débouché à cette farine hongroise qui ressemble à du sable au toucher et qui boit tant en la travaillant. Ce furent MM. Stein père et Deutsch qui commencèrent à vendre les premières farines hongroises.

Les constructeurs de fours se sont mis de la partie pour perfectionner leur système de construction, et l'on peut dire aujourd'hui que la boulangerie parisienne est à la hauteur, pour satisfaire les exigences de ses clients, et a tout le personnel nécessaire pour faire beau et bon. Combien de pâtissiers se sont mis viennois pour gagner davantage, et ils ont tous réussi. Donc, Paris a autant, si ce n'est pas plus, de français faisant le viennois que d'autrichiens. Sachons gré à M. Zang d'avoir, le premier, apporté cette belle fabrication dont le moindre boulanger a profité, et au Gouvernement d'avoir aboli la taxe.

Empereurs

Le petit pain de table en forme d'étoile que l'on appele *Empereur* et *Autrichien*, depuis la guerre, n'a pas encore une longue exis-

Fig. 8. — Empereur

tence. Les premiers ont été faits à Vienne, à l'occasion du mariage de l'empereur actuel François-Joseph. C'est justement à cette époque que les excellentes farines de Hongrie arrivèrent avec plus de facilité dans la capitale de l'Autriche. Alors un boulanger intelligent eut l'idée de créer et d'offrir à leurs Majestés ce pain de table nouveau modèle, fait exclusivement à la farine de Hongrie.

Paris a aussi son petit pain tout parisien; son origine est un peu plus âgée que celle de l'*empereur*; ce petit pain que tout Paris connaît s'appelle *Joko* et aussi *Tirebouchon;* mais

Fig. 9. — Joko

Fig. 10. — Tirebouchon

son vrai nom, c'est *Joko*. Il date de la monarchie de Juillet. A cette époque, l'on amena à Paris un singe de forte taille (orang-outang); tout le monde allait admirer cet animal au

Jardin des Plantes; les Parisiennes portaient des robes à la Joko; l'on jouait à la Porte-Saint-Martin: *Joko ou le Singe du Brésil*. Ce fut comme en 1865, pour *Gladiateur*; tout se faisait à la *Joko*. Un boulanger créa ce petit pain allongé qu'il appela de ce nom. Et voilà comment, dans les boulangeries, on dit pain joko sans en connaître la provenance.

Pâte pour Empereurs

L'on met toujours moitié lait, moitié eau. Ayez un litre de ce liquide, prenez-en le tiers, chauffez-le légèrement, délayez 30 gr. de bonne levure avec, faites un petit levain aussi ferme que de la pâte à brioche, au bout d'une demi-heure, il sera assez levé. Vous mettez sur le tour ou dans le pétrin de la farine, 30 gr. de sel par litre, pétrissez avec le reste du liquide et le levain, faites une pâte assez ferme, laissez-la reposer au moins une heure dans un endroit chaud. Vous ployez la pâte une ou deux fois avant de la détailler en morceaux. Un litre d'eau ou de lait boit environ un kilogramme de gruau, cela vous donne environ 4 livres de pâte, le morceau pour *empereurs* pèse 100 gr., cela vous donne vingt pains à dix centimes; moulez les morceaux bien ronds et serrés, laissez-les reposer encore une demi-heure avant de tourner les *empereurs*. Et comme ce n'est pas facile d'expliquer le moulage de ce pain, tout en voyant et en essayant de les tourner, vous pouvez faire toutes sortes d'autres petits pains avec cette pâte. Le goût sera toujours le même ; c'est avec cette pâte, quand elle est assez ferme, qu'on fait le meilleur pain de mie ; ainsi, les sandwichs, les desserts ronds, pains au fromage, billes à potage et les grissinis. Remarquez bien qu'il ne faut employer absolument que du n° 0 de gruau hongrois. Tous les grands moulins de Budapesth et de Szegedin ont leur dépôt à Paris ; la meilleure marque que je connaisse par expérience, c'est la marque « Elisabeth ».

Pour la cuisson de ces petits pains, il faudrait au moins avoir un four de pâtisserie et à bois, cette belle couleur dorée que vous voyez sur les pains est obtenue par la buée (vapeur d'eau) ; et, pour avoir de la buée dans le four, on le nettoie avec un sac mouillé attaché au bout d'une perche, cela se nomme écouvillon. L'on peut jeter de l'eau à l'entrée du four sur les carreaux chauds, en ayant soin après chaque pelletée qu'on a mise au four de le refermer vivement, voilà le procédé pratiqué par les ouvriers viennois à Paris. Si votre boulanger vous fournit du pain gris, c'est qu'il n'y avait pas de buée dans son four. La croûte de ce pain est beaucoup plus dure qu'il ne faut, vu ce manque, et n'a pas cet air croustillant qu'a l'autre.

Croissants

Ce mot chatouille les oreilles, la vue et l'estomac; tout le monde connait ce petit pain

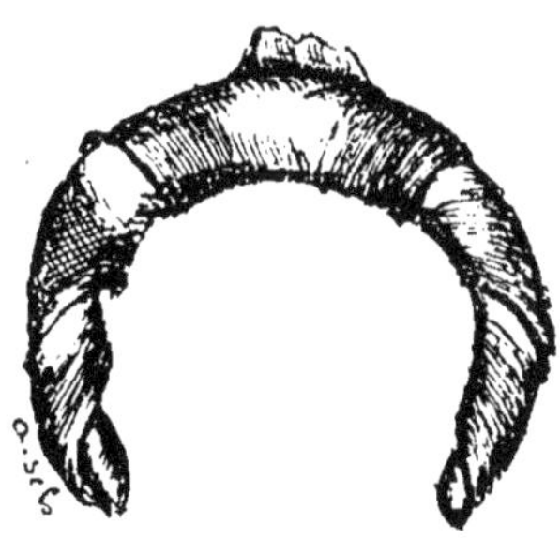

Fig. 11. — Croissants

tordu appelé croissant ou demi-lune, mais,

en revanche, peu de gens connaissent son histoire authentique ou d'origine. Aussi disons-en quelques mots :

Il y a plus de deux siècles, la capitale d'Autriche était assiégée par les Turcs (1529), commandés par Soliman II en personne et, en 1683, ils recommencèrent un second siège. A cette époque, ces hordes orientales avaient l'intention d'envahir le reste de l'Europe.

Après avoir fait la conquête de tous les pays du Danube et de la Hongrie, ils revinrent une seconde fois, non sans avoir été repoussés par le roi de Pologne Sobieski.

Vienne forme donc le dernier rempart européen contre l'invasion turque. La ville résista héroïquement ; l'ennemi, malgré tous ses assauts, ne put réussir à prendre Vienne. Il essaya de la ruse. Pendant la nuit, l'ennemi creusait des tranchées souterraines, tout en gardant l'apparence d'une parfaite tranquillité pendant le jour. Heureusement que les boulangers, qui travaillaient partout la nuit, entendirent le bruit fait par leurs pioches et donnèrent l'alarme. Les Autrichiens eurent donc le bonheur de surprendre l'ennemi dans son propre camp grâce aux souterrains et aux boulangers.

Les boulangers de Vienne furent très honorés à cette époque, et l'empereur accordait à cette corporation bien des privilèges qu'ils ont encore de nos jours; entre autres, ils avaient le droit de porter l'épée en souvenir du siège de Vienne. Les boulangers inventèrent en le fabriquant un petit pain en forme de croissant, nom qui lui est toujours resté. Ce croissant, en forme de demi-lune, est l'emblème des Turcs sur leurs étendards, comme la croix l'est chez les chrétiens.

Recette

Prenez comme base un litre de lait, faites chauffer le quart de ce litre légèrement et délayez dedans 30 à 40 gr. de levure. A défaut d'un pétrin, vous pouvez prendre une terrine dans laquelle vous mettrez votre farine de gruau, environ un kilogramme. Au milieu de cette farine, vous faites un levain. ni doux, ni dur ; au bout d'une demi-heure, s'il est bien levé, vous mettez le restant du lait avec 30 à 40 gr. de sel ; pétrissez tout ensemble ; la pâte doit être assez ferme et surtout pas collante ; la pâte finie, vous l'étalerez sur le marbre comme une galette.

Pour avoir de bons croissants, il faut de 200 à 220 gr. de beurre. Étalez-le sur la pâte comme pour feuilletage, égalisez-le comme sur une tartine, doublez la pâte pour que le beurre reste en dedans, donnez une forme ronde et laissez-la reposer dans un endroit frais, même par terre sur un sac fariné, pendant deux heures et plus. (Les Viennois font la pâte le soir et s'en servent le matin, la laissant au frais.) Alors, vous ployez de nouveau votre pâte et la pesez. Un kilogr. rapporte 40 croissants à 5 centimes ou 20 à 10 centimes. Vous moulez ces morceaux ronds assez égaux, laissez reposer dix minutes, ensuite vous passez le rouleau dessus pour les rendre ovales ; de la main gauche vous tenez le bout inférieur, de la main droite vous tenez l'autre bout et vous roulez ce morceau ovale vers vous absolument comme une cigarette ; voilà votre croissant fini, vous lui donnez la forme d'une demi-lune.

Mettez les croissants sur un linge que vous aurez placé sur une planche ; les laisser lever une bonne heure.

A défaut d'un four de boulanger, on peut les cuire sur plaque dans un bon fourneau de cuisine. On les dore à l'œuf, n'ayant pas de four ni de buée, car c'est la vapeur de l'eau que l'on jette au four qui donne ce coup d'œil. Si on veut des croissants moins feuilletés, on travaille la pâte davantage.

Les Nattes

On peut faire les nattes avec toutes sortes de pâtes ; donc, ce n'est pas une spécialité. On les fait généralement en pâte sucrée, en pâte à brioche, en pâte à croissant, en mélangeant une poignée de raisins de Smyrne. Les natter, faire lever, cuire de belle couleur, sur plaque ; les dorer un peu et les poudrer une fois cuites.

Bauntzeln

Petit pain fendu qu'on nomme Navette à Paris; ils sont faits avec la pâte à croissant.

Pour pouvoir les fendre facilement, on beurre au pinceau légèrement la surface. On met des raisins de Smyrne dans la pâte.

Salzstangeln

Le *Salzstangeln* est tout simplement un croissant roulé fait en pâte à empereur; en les mettant au four, on mouille la surface et on les trempe dans du cumin mélangé de sel; cuire à four doux.

Vienne est la première ville pour consommer en quantité de ces petits pains. On les sert principalement dans les brasseries avec la bière. Ça fait boire.

Le cumin est une petite graine qui vient en Allemagne. Le carvi est de la même famille, mais plus délicat; les Anglais en mettent dans les gâteaux, comme les Autrichiens font pour le cumin.

Bretzeln

Le *Bretzeln*, tel qu'on le fait en Autriche et dans l'Allemagne du Sud, est un bon pain qui se consomme généralement en buvant de la bière ou du vin blanc. Ce pain se fait beaucoup également dans l'Est de la France et à Paris, où on le trouve dans les brasseries; mais les meilleurs se vendent chez quel-

Fig. 12. — Bretzeln

ques marchands de comestibles qui les font venir de Strasbourg ou de Nancy. Ce petit pain se recommande surtout aux estomacs délicats car il est très nutritif et vaut presque le pain de gluten.

Pour la fabrication d'un litre, Il faut 50 gr. de levure, un litre d'eau ou levure liquide qu'on laisse reposer cinq ou six heures ; en pétrissant, y ajouter 20 gr. de sel ; faire une pâte très ferme, qui ne soit presque plus maniable. C'est pour cela que les spécialistes qui fabriquent ce pain se servent d'une brille ou bête-à-queue pour hacher la pâte, comme pour les biscuits de mer où captans en Angleterre ; donc elle est excessivement dure. Trois hommes ne sont pas de trop. Malgré cela, la pâte n'est pas cassante ; on peut l'allonger en petits morceaux pesant à peu près 50 gr. La longueur n'en est pas limitée. On laisse de nouveau reposer le *bretzeln* sur la planche pendant une heure, en ayant soin qu'il ne croûte pas ; ensuite, on les jette par douzaine dans une grande marmite pleine d'eau bouillante. Aussitôt qu'ils nagent à la surface sans être crevassés, on les retire avec une écumoire, puis on les trempe dans du sel et on les dresse sur un plat. Les mettre de suite dans un four bien chaud.

A Strasbourg, on les trempe dans du sel mélangé de cumin et en Autriche c'est souvent dans des graines de pavot. Lorsque le *bretzeln* est bien cuit, on peut le conserver dans des boites au sec pendant plusieurs mois sans inconvénient.

Brioche viennoise

Ayez un litre de lait, vous faites chauffer le quart légèrement, vous délayez avec 40 gr. de levure ; faites un levain pas trop ferme au milieu de votre farine. Au bout d'une heure, selon la température, votre levain doit être bien monté. Vous mettez le restant du lait et 30 à 40 gr. de sel, huit œufs moyens, un quart de sucre en poudre ; pétrissez le tout ensemble, que la pâte soit presque aussi ferme que la brioche de Paris. Ensuite, vous y mélangez une livre de bon beurre bien manié et bien lisse. Laissez reposer votre pâte deux ou trois heures en ayant soin de la rompre une ou deux fois avant de l'employer.

Vous pèserez une livre de cette pâte qui vous donnera sept à huit brioches à deux sous, comme celles que l'on vend à Paris. Moulez vos morceaux ronds ; ensuite, vous leur donnez les formes que vous voulez. Posez-les sur des plaques beurrées. Lorsqu'elles seront levées, dorez-les à l'œuf et cuisez au four ou dans un four de fourneau. On peut mettre des raisins dans la pâte si l'on veut, soit corinthe, smyrme ou malaga sans pépins.

La Milanaise

Se fait absolument comme la précédente,

seulement on diminue la quantité de lait de moitié, que l'on remplace par des œufs,— et l'on met un quart de beurre de plus et quelques raisins de Malaga fendus et sans

Figure. 13. — La Milanaise

pépin. A Paris, on en fait de grosses à 50 cent. et 1 franc.

Moulez un morceau de pâte ronde, posez-le sur une plaque beurrée, dorez-le à la dorure et avant de le mettre au four, faites une croix dessus avec un couteau, cuisez à un four moyen. Ayez soin qu'elle ne prenne pas une croûte dessus. L'hiver, on peut faire cette pâte la veille pour l'employer le lendemain matin ; si vous voulez quelle pousse vite, mettez-la dans une étuve ou autre endroit chaud et couvert.

Pain français

Le pain français ou pain blanc est un des

meilleurs qui existent dans le monde entier. Cela tient à plusieurs choses. D'abord, en France, on cultive beaucoup plus de blé que d'autres céréales ; le sol est riche et la nature

Fig. 11. — Pain français

a été tout à fait prodigue pour elle. C'est pour cela que, depuis plusieurs siècles, le monde aisé mange du pain blanc. En revanche, le pain de luxe ou pain riche ne fut commencé à Paris que sous le gouvernement de Louis-Philippe (1840), et c'est M. Zang qui donna ce grand élan à la boulangerie parisienne et peu à peu la France entière se mit à l'œuvre et à perfectionner. La fabrication du pain français est très pénible pour les ouvriers et exige une certaine force. Voici la manière de fabrication à Paris, reconnue par tous les ouvriers comme le meilleur de tous les systèmes.

Le pain sans levain, comme dit une vieille chanson en l'honneur de saint Honoré, évêque d'Amiens au moyen âge, lequel faisait son pain lui-même, tout en étant évêque, ne peut se faire, ni ne peut être bon à rien.

A Paris, on tire du levain d'une fournée de pain, au milieu de la nuit, dans les cinq à huit livres de pâte ; au bout de trois ou quatre heures, cette pâte bien levée et couverte d'un sac, s'appelle *chef*. Le matin, avant de quitter le fournil, l'aide fait son premier levain, il met de l'eau sur son *chef* comme pour 4 ou 5 pains de 4 livres, soit 4 ou 5 litres ; il fait une pâte très ferme et bien tapée et le met à la cave l'été, le laisse dans le pétrin l'hiver. Vers les trois heures de l'après-midi, l'aide fait son second levain avec le chef en question, il coule environ 10 à 12 litres d'eau tiède, fait une pâte douce et bien allongée, cela exige un bon quart d'heure de travail. Ce levain repose pendant au moins une heure à couvert. Et après il fait son levain de *tout point*. Il coule alors de 20 à 25 litres d'eau tiède et fait une pâte très douce, ensuite il met assez de farine pour faire une pâte très ferme et un peu travaillée. Ceci est un travail pénible et exige une certaine connaissance de l'ouvrier, car du bon levain dépend la bonne qualité du pain. L'aide (*c'est le pétrisseur*) a donc, une fois son levain fini, deux heures de repos; pendant ce temps, il va dîner et revient à sept heures précises, il commence à pétrir la première fournée, le brigadier (*c'est celui qui cuit*) arrive en même temps pour s'occuper du chauffage de son four.

Prenons pour base une fournée de 60 pains de 4 livres, c'est à peu près la règle des fournées à Paris, pour arriver à la quantité de pâte. Sur ce dernier levain, dont je viens de parler, qui a fermenté deux heures dans le pétrin, on coule 50 ou 55 litres d'eau, ce qui fait près de deux seaux, on met une forte poignée de sel par seau, et on fait une pâte douce et bien travaillée. La quantité nécessaire pour 60 pains doit se mettre à droite au bout du pétrin, on range le reste à gauche pour servir de nouveau de levain à la seconde fournée ; l'on procède de même pour toutes les autres fournées toujours en gardant du levain, l'on diminue ou augmente la dose selon que la fournée se trouve grande. Paris ne consommant pas seulement des pains de 4 livres, les fournées sont le plus souvent composées de pains longs de 4, 2 et 1 livre. Ces pains prennent moins de pâte, mais occupent plus de place au four.

La première fournée se compose généralement de pains ronds, boulots et polkas, flûtes et pains à café ; l'on peut cuire des pains fendus à la première fournée, toute la force du levain se trouve dans cette première. C'est pourquoi ces pains ont la mie serrée, ce qui rend le pain moins digestif, mais très bon comme goût. Beaucoup de clients commandent un pain galette, parce qu'il est cuit à la première fournée et se trouve excellent. Aussitôt la première fournée pétrie, les deux ouvriers se mettent à peser le pain, puis le tourner à mesure et mettre en panetons ; ils ne pèsent pas 4 livres juste, l'on met toujours 100 ou 150 gr. en plus pour remplacer l'eau qui s'échappe, en vapeur, du pain. Cette pâte reste à découvert dans les panetons ou corbeilles, pendant deux heures, à lever avant de la mettre au four. Pendant ce temps, l'aide pétrit la seconde fournée ; on pèse et l'on tourne celle-ci comme l'autre et on met en panetons ou sur couche ; l'aide pétr itensuite la troisième pendant que le brigadier met la première au four, cela va sans discontinuer jusqu'au matin.

Deux hommes peuvent faire 6 à 8 fournées, limite raisonnable. Ce qui fait au moins douze heures d'un travail très dur. La pétrie de la troisième fournée sert à faire les pains fendus de 4 livres très longs, pour marchands de vins. Voilà la manipulation du pain à Paris, et ce système est parfaitement applicable à la campagne pour une seule fournée.

Pour faire du bon pain, il faut de la bonne farine; aussi, à Paris, l'on n'emploie que des farines de première qualité. Depuis la guerre de 1870, la meunerie française a fait d'énormes progrès, l'outillage perfectionné permet de faire de la farine d'une blancheur incomparable, étant débarrassée de toute impureté, ce qui n'existait pas il y a une trentaine d'années. Cependant le public est toujours enclin à voir de la falsification partout. Je puis affirmer par mon expérience qu'il n'est pas facile de falsifier la farine ; on peut l'employer de plus ou moins bonne qualité, ce qui arrive assez fréquemment. Par un long séjour dans les magasins des farines s'avarient, ne possèdent plus ni germe ni gluten; donc y introduire des corps étrangers pour lui donner de la blancheur, tels que plâtre, craie, etc., est impossible, car, aucun de ces corps ne peut subir la fermentation.

Ceci ne va pas avec la cuisine, vous me direz; mais j'ai voulu donner un aperçu de ces deux choses essentielles à la vie. Personne ne s'était étendu, jusqu'à présent, sur la fabrication du *pain*.

A. Scheibenbogen.

TABLE DES MATIÈRES

PREMIÈRE PARTIE

Potages

DEUXIÈME PARTIE

Poissons d'eaux douces

TROISIÈME PARTIE

Mets de cuisine

QUATRIÈME PARTIE

Salades

CINQUIÈME PARTIE

Les Sauces

SIXIÈME PARTIE

Entremets

SEPTIÈME PARTIE

Pâtisserie

CUISINE ORIENTALE

Potages.

Paris. — Imp. PAUL DUPONT, 4, rue du Bouloi (Cl.).

www.ingramcontent.com/pod-product-compliance
Ingram Content Group UK Ltd.
Pitfield, Milton Keynes, MK11 3LW, UK
UKHW031852260826
14628UKWH00002B/723